Heiner Feldhoff

Vom Glück
des Ungehorsams

Die Lebensgeschichte
des Henry David Thoreau

BELTZ
& Gelberg

Heiner Feldhoff, geboren 1945, aufgewachsen in Duisburg,
studierte in Münster Germanistik und Romanistik und lebt heute
in Lautzert (Westerwald). Er veröffentlichte mehrere
Gedichtbände sowie Reisenotizen aus der Provence und
übersetzte Henry David Thoreau *(Vom Wandern)* ins Deutsche.
1985 erhielt er den Förderpreis des Landes Rheinland-Pfalz.

Lektorat Ruth Klingemann

© 1989 Beltz Verlag, Weinheim und Basel
Programm Beltz & Gelberg, Weinheim
Alle Rechte vorbehalten
Einband und Reihenlayout von Willi Glasauer
Gesamtherstellung Druckhaus Beltz, 6944 Hemsbach
Printed in Germany
ISBN 3 407 80683 3

Inhalt

Wir lernen nicht viel aus gelehrten Büchern,
wohl aber aus wahren, aufrichtigen,
menschlichen Büchern, aus offenen und
ehrlichen Lebensbeschreibungen.

Bücher, die uns keine unterwürfige
Amüsiertheit vermitteln, sondern in denen
jeder Gedanke ein außergewöhnliches Wagnis
darstellt; solche, die ein bequemer Mensch
nicht lesen kann und die einen Ängstlichen
nicht unterhalten würden, die uns für die
herrschenden Institutionen sogar gefährlich
machen – das nenne ich gute Bücher.

Henry David Thoreau

Vom Leben eines Eigensinnigen ist hier die Rede, eines störrischen, unerschrockenen Einzelgängers, der die naturgemäße freie Entfaltung seiner Persönlichkeit durch keinen fürsorglichen Menschen, auch nicht durch ein soziales Gemeinwesen behindern lassen wollte. Als Selbstdenker, als Radikaler im edelsten Sinne des Wortes verzichtete er auf Karriere, Ruhm und Reichtum, wozu sich ihm im Amerika des 19. Jahrhunderts unbegrenzte Möglichkeiten eröffnet hätten. Er bevorzugte die schmalen Wege, die einsamen Pfade durch Sümpfe und Wildnis; hier fühlte er sich wirklich lebendig, hier vernahm er in seinem Inneren die Stimme des Ewigen und ihr Echo in Wind und Wetter, Wald und Feld. Auf diese Weise trotz einer Lebenskrankheit körperlich und seelisch robust, moralisch unerbittlich, unbestechlich, äußerte er sich auch zu den politischen Fragen seiner Zeit; dies geschah zwar selten, dann aber heftig, provozierend und grundsätzlich. Seine Äußerungen über die Würde des einzelnen Menschen klingen so frisch und aktuell, als seien sie für uns Heutige geschrieben.

Der junge David Henry

Am 12. Juli 1817 erblickte David Henry Thoreau in Concord, Massachusetts, das Licht der Welt, der Neuen Welt, wohin es seine väterlichen Vorfahren von der englischen Kanalinsel Jersey gezogen hatte. Der Großvater, ein Seefahrer und Abenteurer, war in Boston als Kaufmann wohlhabend geworden. Einst waren die Thoreaus als Hugenotten aus der französischen Stadt Tours geflüchtet; vielleicht stammt daher der Familienname, der in Neuengland nicht länger französisch ausgesprochen wurde.

Henry war das dritte Kind der Eheleute John und Cynthia Thoreau. Geschäftssinn und Lebensenergie des erfolgreichen Großvaters hatten sich auf seinen Sohn nicht vererbt; John Thoreau war kurz vor Henrys Geburt mit einem Krämerladen gescheitert. Auch sein späterer Versuch, in der Metropole Boston Fuß zu fassen, mißglückte. 1823 ließ sich die Familie endgültig in Concord nieder und fand ihr leidliches Auskommen mit der Herstellung von Bleistiften; zusätzliche Einnahmen gab es durch Pensionsgäste.

John Thoreau war ein liebenswerter, stiller Mann, der unauffällig vor sich hin werkelte. Den Ton in der Familie gab die Mutter an, eine dynamische, selbstbewußte Frau, die sich redselig-dominant in alles einmischte und gerne mit ihren Kindern wanderte und musizierte. Cynthia Dunbars Vorfahren stammten aus Schottland.

Auf dem älteren Sohn John junior, einem soliden, lebenstüchtigen Burschen, ruhten die Hoffnungen der Familie. Die Schwester Helen, von zartem Wesen, blitzgescheit, pedantisch-korrekt, trug später erheblich dazu bei, Henrys höhere Bildungsansprüche zu fördern. Sophia, die Jüngste, war die gute Fee im Hause, die sich selbstlos um das Wohl der anderen kümmerte. Ihren Bruder Henry umsorgte und bewunderte sie zeitlebens.

Concord war damals ein ländliches Städtchen von zweitausend Einwohnern, aber historisch berühmt, denn hier, auf der »North Bridge«, und in unmittelbarer Nähe (in Lexington) hatte es den ersten bewaffneten Widerstand gegen die Kolonialmacht England gegeben. Am 19. April 1775 hatten amerikanische Milizen, sogenannte »minute-men«, ein britisches Strafbataillon in die Flucht geschlagen, das Munitionsvorräte und Proviant in Concord beschlagnahmen sollte: landesweit ein Signal für den Beginn des Kampfes um die Unabhängigkeit.

Das Geburtsjahr Thoreaus war dagegen der Beginn einer Ära des »guten Einvernehmens«, einer langjährigen Friedensphase. Das ganze Land befand sich in Aufbruchsstimmung. Die »besondere Institution« des Südens, wie die Sklavenhaltung euphemistisch genannt wurde, war zwar vielen Idealisten und Humanisten des Nordens ein Dorn im Auge, aber angesichts der explosiven Entwicklung von Industrie und Handel in den Nordstaaten und der Baumwollkultur im Süden bedeutete sie noch keine Gefahr für die Einheit der Nation. So sagte John C. Calhoun, ein prominenter Befürworter der Sklavenhaltung, im Geburtsjahr Thoreaus:

»Unser Wachstum ist stark und schnell, beinahe hätte ich gesagt, erschreckend. Das ist unser Stolz und unsere Gefahr; unsere Schwäche und unsere Stärke. Laßt uns also die Republik durch ein vollkommenes System von Straßen und Kanälen zusammenbinden.«

In der dörflichen Abgeschiedenheit Concords sollte es noch einige Jahrzehnte dauern, bis der Wohlstand auch die Familie Thoreau erreichte. Möglicherweise haben die finanziellen Schwankungen in seinem Elternhaus den jungen Henry schon früh mißtrauisch gemacht gegenüber vermeintlicher materieller Sicherheit. Aber wie glücklich war er in seiner Jugend! In ursprünglicher, hügeliger Landschaft, an Flüssen, Seen und Klippen tollte er herum, streifte durch Wiesen und Wildnis. Zahllose Indianerspuren boten sich dem Auge des jugendlichen Schatzsuchers, zum Beispiel Pfeilspitzen vom Stamm der Musketaquid. Wie ein Held aus den Romanen des James Fenimore Cooper, die kurz zuvor erschienen waren, spielte Henry Indianer, nein: er lebte ernsthaft in ihrer Nachfolge, lernte Jagen, Segeln, Angeln, kannte jeden Baum und

Strauch. Als Vierunddreißigjähriger notiert er in sein Tagebuch:

»Mein Leben war Seligkeit. In der Jugend, als ich noch keinen meiner Sinne eingebüßt hatte, so erinnere ich mich, war ich voller Leben, mein Leib war von unaussprechlichem Vergnügen erfüllt; Müdigkeit und Erholung, beides erschien mir süß. Diese Erde war das herrlichste Musikinstrument, und ich war ganz Ohr für seine Weisen.«

Dieser jugendlichen Freude am Dasein hat Thoreau immer wieder Worte verliehen, als trauerte er einem verlorenen Garten Eden nach, in dem noch keine zivilisatorischen Disharmonien das reine Ohr beleidigten.

Der junge David Henry war freilich kein Wunderknabe. Er besuchte zwar in Concord eine private höhere Schule, aber wichtiger waren ihm die außerschulischen Aktivitäten wie Schwimmen, Schlittschuhlaufen, Wildtaubenschießen, Heidelbeerpflücken. Sein Vater hockte in der Freizeit lieber mit der Zeitung hinterm Ofen, doch mit Mutter und Bruder ging's oft hinaus ins Grüne; von ihnen erhielt Henry erste Kenntnisse in Vogelkunde und Botanik. Ehrgeizig wachte die Mutter darüber, daß ihre Töchter und Söhne das Leben als erlernbar erfuhren – und wenn sie barfuß zur Schule gehen mußten.

So wuchs David Henry in einfachen Verhältnissen auf, in puritanisch gesicherter und doch fröhlich-weltoffener Atmosphäre. Zurückhaltend, verträumt von Natur aus, war er aber vielerlei Anregungen ausgesetzt, denn die Thoreaus hatten immer ein volles Haus, lebten doch neben zahlenden Gästen zeitweise auch andere Familienangehörige unter ihrem Dach, zumeist unverheiratete Tanten, die wie Cynthia ein kämpferisches und selbstbewußtes Temperament besaßen.

Die Familie gehörte der Unitarischen Kirche an, die in der Folge der Aufklärung mit Vernunft *und* Gottvertrauen die Probleme des Daseins meistern wollte. Der Glaube an die unmittelbare Verbindung mit Gott stärkte die persönliche Selbstsicherheit, aber auch die Wertschätzung eines jeden Menschen: In Concord gab es schon früh eine Anti-Sklaverei-Frauengruppe.

Schon mit sechzehn Jahren, damals nicht unüblich, ging Henry für vier Jahre auf die angesehene Harvard-Universität, wo er die antiken Sprachen und Klassiker studierte. Wieder war er keineswegs ein Musterschüler, Kameraden galt er als grüblerisch, ungesellig, introvertiert. Nur ungern hatte Henry seine Heimatstadt verlassen; später sollte er sie als den »schätzenswertesten Ort der Welt« bezeichnen, wo er »im idealen Augenblick« geboren worden sei.

Seine offizielle Studienzeit absolvierte er eher lustlos – die formalen, logisch strukturierten Übungen, die rhetorisch perfektionierten Schreibkünste, wie sie der berühmte Professor Edward Channing lehrte, gingen ihm wider die intuitive Veranlagung, wider den lebendig sich mischenden Strom von Gedanken, Gefühlen, Gelerntem. Dabei waren die Themen durchaus reizvoll, zum Beispiel »Die Einbildungskraft als Element der Glückseligkeit«.

Erstmals machte sich eine Lungenschwäche bemerkbar, aber Henry erholte sich rasch, zumal er weiterhin viel Zeit im Freien zubrachte.

Wenn ihn auch Lehrplan und Lehrmethoden am Harvard College nicht zufriedenstellten, so gesellte sich zu seiner alten Liebe zur Natur doch eine neue, ihn faszinierende Welt: die des Geistes, der Bücher. Zur Nutzung der Bibliothek nahm er nicht unbeträchtliche Gebühren in Kauf. Um mehr als zwei Bücher auf einmal entleihen zu dürfen, mußte er in einer Extraprüfung seine intellektuelle Qualifikation nachweisen. Früh begann er damit, Lieblingsstellen abzuschreiben und sich mit Zitaten moderner englischer Dichter und Denker wie Coleridge, Wordsworth und Carlyle zu beschäftigen.

Finanziell wurde Henry, den oft das Heimweh plagte, auch von seinen Geschwistern unterstützt. John, der Vielversprechende, und Helen, die Gebildete, hatten auswärts eine Lehrtätigkeit übernommen. Das Familieneinkommen hatte sich ohnehin etwas gebessert, die väterliche Bleistiftwerkstatt florierte. Mehrfach zogen die Thoreaus innerhalb Concords um; noch hatten sie keine »bleibende Statt«, sondern suchten »die zukünftige« – ihr Henry verstand sich zeit seines kurzen

Lebens als Pendler zwischen provisorischen Wohnstätten, als Suchender nach einer metaphysischen Bleibe.

In seiner Studienzeit von 1833 bis 1837 fiel den Kommilitonen an ihm kaum etwas Besonderes auf – allenfalls seine riesige Nase und die Eigenwilligkeit, einen grünen Überrock zu tragen statt des vorgeschriebenen schwarzen. Obwohl ihm hin und wieder kleine Stipendien zuflossen, unter anderem durch Vermittlung des Philosophen Emerson, dessen Ruf als geistige Autorität sich allmählich ausbreitete, wollte er sich selbst ein paar Dollar verdienen, um als bereits Achtzehnjähriger der Familie nicht ständig auf der Tasche zu liegen. So entschloß er sich zu einem pädagogischen Praktikum in den Semesterferien bei dem Geistlichen Orestes A. Brownson in Canton, wo er Deutsch lernte, Goethe las und siebzig Schüler mit mäßigem Erfolg unterrichtete.

Thoreaus Wissen wurde durch Brownson ungeheuer bereichert, sein freies Denken und Anschauen blühte auf; in einem Dankesbrief an seinen Lehrmeister nannte er die Zeit bei ihm »a morning of a new Lebenstag«.

Der Mann seines Lebens, ohne den Thoreaus Entwicklung vermutlich im Provinziellen steckengeblieben wäre, war freilich ein anderer: Ralph Waldo Emerson, der sich als Privatgelehrter in Concord niedergelassen hatte. Anfang 1837 las Thoreau Emersons Essay *Natur* – und war wie elektrisiert: Der kühne Schwung dieser feierlichen, magischen Worte ließ ihn die Schönheit der Weltschöpfung, die »Würde und Heiligkeit in den Pflanzungen Gottes« deutlicher wahrnehmen. In den Wäldern lebe, so der Preisgesang des vierzehn Jahre Älteren, die ewige Jugend; dieses Feld gehöre dem einen, jene Wiese dem anderen, aber niemandem gehöre die Landschaft – wenn nicht dem Dichter, dessen Auge die einzelnen Teile vereine. Exaktes Forschen führe seltener in die Geheimnisse der Natur als Traum, Liebe und Phantasie, welche die »eckige Deutlichkeit der Dinge« milderten. Diese romantischen Erklärungen bewahrte der junge Thoreau in seinem Herzen, um sie später, gemäß Emersons Aufruf zu eigenen Gedanken, eigenen Werken, eigenen Gesetzen, aus ihrem etwas wolkigen Idealismus herunterzuholen auf das Erdreich eines konkreten, naturnahen Lebens.

Das Harvard College beendete Thoreau mit der Graduierung »Bachelor of Arts«. Emerson trug bei der Abschiedsfeier seinen Essay *The American Scholar* vor. Wenig später glaubte er, in Henry Thoreau die Inkarnation dieses Leitbildes gefunden zu haben, das theoretisch-philosophisches und lebenspraktisches Talent vereinigte. Henry soll aber bei dieser Festveranstaltung gar nicht dabeigewesen sein. Vielleicht saß er ja in seinem Ruderboot und überließ sich flußabwärts gänzlich den ruhigen Strömungen des Concord River.

Mit dem Magister-Zertifikat konnte er nicht viel mehr anfangen, als – wie Helen und John – eine Lehrtätigkeit anzunehmen. Eher aus Notwendigkeit denn aus Neigung folgte Henry dieser Familientradition, die gut in das pädagogische Klima Neuenglands paßte; die stolzen Gründerstaaten fühlten sich weiterhin als materielle und ideelle Wegbereiter einer neuen Zeit. Henry hatte Glück, daß ihm an Concords Volksschule eine Stelle angeboten wurde. Wie heute hierzulande herrschte eine hohe Lehrerarbeitslosigkeit, so daß die Bewerber nahmen, was sie kriegen konnten.

Die Prügelstrafe war üblich und im Volk akzeptiert. Thoreau weigerte sich jedoch, sie anzuwenden, und wurde von Vorgesetzten zurechtgewiesen. Da versetzte er, demonstrativ-paradox, einigen Unschuldigen, Braven ein paar Schläge mit dem Lineal und reichte schon nach vierzehn Tagen sein Entlassungsgesuch ein.

Die Bürger von Concord verstanden weder seine erzieherischen Motive noch die Leichtfertigkeit, mit der ein junger Mensch seine erste Anstellung aufs Spiel gesetzt hatte, und dies in einer Phase wirtschaftlicher Rezession. Die ehrbaren und fleißigen Bürger der Stadt, sofern sie überhaupt von dem jungen Mann Notiz nahmen – Mutter Cynthia, Tante Maria und Bruder John waren der Nachbarschaft viel vertrauter –, äußerten sich abschätzig über den »Dolittle«, den Taugenichts, der lieber in der Gegend herumlungerte und dem Konzert der Frösche lauschte. Daß ein solches Urteil nicht vorschnell als spießig abzutun ist, beweist Robert Louis Stevenson, der Autor der *Schatzinsel*; auch er sollte Thoreau für einen Drückeberger halten, der den Verantwortlichkeiten des Lebens ausgewichen sei.

Was die Leute von ihm dachten, war dem zwanzigjährigen Henry David, der in dieser Zeit als Ausdruck seiner Selbstbestimmung die Vornamen tauschte, zunächst einmal egal, er war glücklich, wieder daheim sein zu dürfen. Arbeitslosigkeit, gar akademische, war jedoch auch im Hause Thoreau nicht zu tolerieren. Die Mutter stellte ihn zur Rede, wollte ihn in die Welt hinausschicken, und das hieß damals: in Richtung Westen, wohin unentwegt neue Siedler vorstießen – da gab's bei Thoreau Tränen. Er gehörte doch nach Concord!

So half er vorerst seinem Vater in der Bleistiftmanufaktur, keineswegs eine Verlegenheitslösung, denn Henry war ein sehr geschickter Handwerker und Tüftler. Er erfand eine stabilere Graphitmine, so daß die Thoreau-Bleistifte auf die Dauer mit den Stiften der deutschen Firma Faber konkurrieren konnten. Aber er merkte schnell, daß die Laufbahn als spezialisierter Facharbeiter, als zum Erfolg verurteilter Unternehmer nicht seine Sache war. Er wollte sich durch einen Beruf »mit Zukunft« nicht die Gegenwart verbauen lassen. Bei Mitbürgern mit sogenanntem gesunden Menschenverstand rief die neuerliche Absage an ein gesichertes Auskommen natürlich Kopfschütteln hervor.

Henrys Vater war ein freundlicher Arbeitsgefährte, der jedoch den geistigen Ansprüchen seines Sohnes nicht genügen konnte. So war die Bekanntschaft mit Emerson für den jungen Thoreau ein Glücksfall, in der dörflichen Überschaubarkeit Concords aber fast zwangsläufig. Sein selbständiges Geistesleben, in Harvard und bei Orestes A. Brownson erwacht, fand durch Emerson Stabilisierung und Fortsetzung; zunächst war dieser sein Meister, aber schon bald wurde es eine intellektuelle Partnerschaft.

Concord galt damals als das Weimar der Neuen Welt, wo Emerson als »Schiller Amerikas« residierte, die kreativsten Köpfe seiner Zeit um sich scharend: moderne Propheten, radikale Reformer, frühsozialistische Utopisten und andere unorthodoxe Geistesextremisten.

Emerson hatte die vielfältige Begabung Thoreaus sogleich erkannt: Kenntnisse alter und neuer Sprachen, ungewöhnliche Naturverbundenheit, handwerkliche Fähigkeiten sowie charakterliche Unverwechselbarkeit ließen Henry wie selbstverständlich jüngstes Mitglied des Klubs der »Transzendentalisten« werden. »The boy«, wie Emerson ihn nannte, war gewiß geschmeichelt, sich zur Gruppe dieser optimistischen Fortschrittsidealisten rechnen zu dürfen. Hier waren Anwälte des Individuums, der Seele, des Gewissens versammelt, die daran glaubten, daß in der Neuen Welt kühne, unabhängige Menschen neu auf die innere, göttliche Stimme hören würden und keiner dogmatischen, kirchlichen Vermittlung bedurften.

Menschwerdung im transzendentalen Sinn (der Begriff wurde bei Immanuel Kant entlehnt) war ein Wachwerden zur Freiheit, zu intuitiver Lebenssicherheit, zum Gefühl des Einklangs mit dem Geist des Schöpfers. Hierzu gelangt der Mensch nur in spirituell erlebbaren Situationen, wie sie die Natur in Fülle anbietet.

John Locke hatte den Menschen als »tabula rasa« angesehen, der die Erkenntnisse von außen, durch die Sinne erwirbt. Das Sein bestimmt das Bewußtsein, sollte Marx später definieren. Emerson und Thoreau waren vom Gegenteil überzeugt: Alles Sichtbare, jede Erscheinung verweist auf geistige, »höhere Gesetze«. In dem gleichnamigen Kapitel des zehn Jahre später entstehenden Meisterwerks *Walden* nennt Thoreau die Ernte seines bisherigen Lebens: ein wenig eingefangenen Sternenstaub, ein Stückchen Regenbogen, das er erhascht.

Wem diese Reichtümer nichts bedeuten, wen diese spirituelle Erfahrung nicht anlockt, wer – wie der so verdienstvolle deutsche Thoreau-Vermittler Walter E. Richartz – das numinose Schwärmen der Concord-Elite zu »metaphysischem Gestrüpp« erklärt, der wird, so glaube ich, Thoreaus Weisheitsschatz nur in Teilen aus dem Waldensee heben können.

Thoreau selbst hätte freilich längst dazwischengerufen:

Bitte keine Predigt! Ihm ging, bei aller Universalität ihrer Philosophie, das Sendungsbewußtsein der transzendentalen Kollegen auf die Nerven. Sollte doch jeder nach seiner Fasson selig werden! Die rauhbeinigen, derben, unbelesenen Farmer waren ihm genauso lieb, ihr aufrechter, zielbewußter Gang genauso teuer.

Ralph Waldo Emerson, ein vornehmer, gesitteter Herr, gutaussehend, stets gewinnend lächelnd, hatte sein unitarisches Pfarramt in Boston aus Gewissensgründen aufgegeben und lebte als essayistischer Schriftsteller und Redner in Concord. Er unternahm häufig Vortragsreisen, die ihn bis nach Europa führten. Alle Apostel der neuen Gedankenfreiheit gingen damals auf Tournee, Lesehonorare waren höher als die unsicheren Einkünfte aus Buchpublikationen. Emerson hatte zum zweiten Mal geheiratet, seine erste Frau war an der Zivilisationsgeißel jener Zeit, der Tuberkulose, gestorben.

In der öffentlichen Reputation unter den Gebildeten blieb Emerson lange Jahre über seinen Tod hinaus die zentrale Geistesgröße der Concord-Gruppe. Erst unserem Jahrhundert gilt Thoreau nicht länger als Jünger, als Epigone, bloßer Nachahmer seines geistigen Adoptivvaters; wenn nicht Jünger, so ist Thoreau aber der Jüngere, der Lebendigere, der schärfere Beobachter. Emerson ist eher der klassisch Abgeklärte von edler Größe, den Blick kontemplativ aufs majestätische Ganze gerichtet. Der junge Henry dagegen schickte sich an, sein Augenmerk auf das mikrokosmische Biotop Concord zu werfen.

Als Pädagoge in puritanischer Provinz

1837 war für Henry David Thoreau in besonderer Weise ein
Lehr- und Wanderjahr. Am 22. Oktober begann er sein
Tagebuch, das er ein Vierteljahrhundert lang, bis zu seinem
Tode, führte. Es war kein einfaches Journal, keine Müllhalde
täglicher Erlebnisse und Empfindungen, sondern von vornher-
ein angelegt als sprachliches Kunstwerk. Zwar sind andere
Schriften berühmter geworden, aber der intensive Thoreau-
Leser wird auch zu seinen Tagebüchern finden; sie bieten jene
merkwürdige Mischung aus minutiöser Naturbeschreibung
und gedanklicher Kühnheit, aus Tagesfrische und zeitloser
Gültigkeit, die den nach-denklichen, kreativen Leser verlangt.

Nach seinem verunglückten Versuch als Schulmeister war
Thoreau beständig auf Stellensuche, fand aber genügend Zeit,
seine täglichen Wanderungen und Beobachtungen zu machen,
zum Teil mit einem Begleiter, der neben Emerson seine
Freundschaft gewann: Amos Bronson Alcott, ein früherer
Hausierer, dann Reformpädagoge mit eigenen Schulexperi-
menten; ein seltsamer Gelehrter, der als Träumer und naiver
Phantast galt, auch zu Thoreaus Verdruß nicht gut zu Fuß war,
aber auf jeden Fall ein geistvoller Gesprächspartner, mit dem
es sich gut »transzendieren« ließ.

Als dritte Persönlichkeit mit Einfluß auf Thoreau in jenen
Tagen ist die emanzipatorisch schreibende Margaret Fuller zu
nennen. Dem jungen Henry war diese temperamentvolle
Feministin nie so recht sympathisch, ihr herausforderndes
Wesen reizte und verschreckte ihn gleichermaßen. Sie nahm
sich doch tatsächlich die Freiheit heraus, als Redakteurin der
Zeitschrift *Dial* seine Manuskriptangebote kritisch durchzu-
forsten oder gar abzulehnen; besonders die Gedichte wurden
häufig an den Verfasser zurückgeschickt. Im Gegenzug fand
auch Thoreau, als er Lektoratsaufgaben für Emerson über-
nahm, an Miß Fullers Arbeiten erhebliches auszusetzen.
Trotzdem konnten die beiden nicht verhindern, daß später
Heiratsgerüchte über sie in die Welt gesetzt wurden.

Intensiver als eine bezahlte Arbeitsstelle, mehr als die Lebensweisheiten der Emerson-Gruppe suchte Thoreau die Einsamkeit – sie lag vor seiner Haustür! Innerhalb weniger Minuten war er, wenn er über die Zäune sprang, in einem breiten Wiesental, an Bächen, Sümpfen, toten Wassern, erspähte den gewandten Fischotter, staunte dem weißköpfigen Seeadler nach. Wieder zu Hause, fabrizierte er Bleistifte, arbeitete an seinem Tagebuch, las in den Upanischaden, der Ilias, Konfuzius – und arrangierte sich mit den vielen Frauen, die den Thoreauschen Haushalt belebten. An ein Alleinsein war hier nicht zu denken.

Emersons Schwägerin Lucy Brown, die bei den Thoreaus als Pensionsgast logierte, warf er ein Gedicht, kleine Blumen und Blätter durchs Fenster. Während aber der junge Goethe in einem ähnlichen Fall das poetische Geschenk »mit einem gemalten Band« zustellte, und dies »mit leichter Hand«, tat Thoreau sich schwerer: Die Verschnürung seines »Päckchens vergeblicher Bemühungen« war aus Stroh, sein Reimwort das Gesetz (straw/law) – eine kleine Veilchenanekdote in den Grenzen von puritanischem »law and order«.

Der lyrischen Nebenbeschäftigung widmete sich Thoreau immer weniger, auf Anraten Emersons verbrannte er sogar die meisten frühen Gedichte. Dafür arbeitete er verstärkt an den Formulierungen seiner ersten öffentlichen Vorträge (*Gesellschaft* sowie *Klänge und Schweigen*), die er bald an Concords Lyzeum halten wollte, einer Art Volkshochschule, wo er als Sekretär bereits Aufgaben in der Verwaltung übernommen hatte. Für Vorträge in der eigenen Stadt gab es freilich kein Geld.

Nachdem alle Versuche, eine Stelle im öffentlichen Dienst oder als Hauslehrer zu finden, trotz Empfehlungsschreiben von Brownson und Emerson gescheitert waren, machte Thoreau aus der Not eine Tugend und gründete eine eigene Schule. Der ältere Bruder – Henry hatte zu John eine enge Freundschaft entwickelt – gab seine auswärtige Tätigkeit auf und wirkte an der Privatschule mit. Ihre neuartigen pädagogischen Prinzipien bestanden in Studien »vor Ort«, also draußen,

»learning by doing«; Kopf und Herz, Hand und Fuß sollten gefordert und gefördert werden.

Der Verzicht auf körperliche Züchtigung machte eine straffe Schulordnung notwendig; ständig wurden die Jugendlichen beschäftigt, damit sie nicht auf dumme Gedanken kamen. An Stelle der zehnminütigen Pause an der Public School gab es in der Concord Academy dreißig Minuten, in denen John und Henry mit ihren Schülern auf dem Hof herumtollten. John war der Beliebtere, Henry eher der Ernsthafte, der distanzierte Griechisch- und Lateinlehrer.

Aber außerhalb der Schulmauern war er locker, war er in seinem Element, ein großer Junge, zu dem die Schüler dennoch respektvoll aufschauten: Was der nicht alles wußte über die Vögel, die wilden Tiere, die Pflanzen! Dabei war er kein wandelndes Biologiebuch, das lexikalisch-komplett das Lebendigste zum bloßen Lernstoff vertrocknen ließ; so anschaulich brachte er ihnen die Natur nahe, daß die Zuhörer meinten, alles, was da kreucht und fleucht, erzählte durch Thoreaus Mund von sich selber.

Nicht theoretisches Spezialwissen wollte er vermitteln – was er anstrebte, waren ganzheitliche Lernprozesse, die praktische Erfahrungen einschlossen. Rhetorisch fragt Thoreau (in *Walden*):

»Wer macht am Ende eines Monats die größeren Fortschritte: der Junge, der sich sein eigenes Taschenmesser aus dem Erz herstellt, das er selbst ausgegraben und geschmolzen und nur das hierfür Notwendigste gelesen hat – oder derjenige, der sich Vorlesungen über Metallurgie an der Hochschule anhört und dann von seinem Vater ein teures Taschenmesser geschenkt bekommt?«

Aber auch die städtische Wirklichkeit wurde in Augenschein genommen, so die Zeitungsdrucker und der Büchsenmacher. Die Schule erreichte ein beachtliches Ansehen.

Ein siebzehnjähriges Mädchen, die attraktive Ellen Sewall, kam zu den Thoreaus zu Besuch, wo zur Zeit auch ihre Tante lebte. Beide Brüder verliebten sich in sie, Henry, immerhin schon zweiundzwanzig Jahre alt, schrieb ihr romantische Gedichte. Einige Tage »gingen« sie zusammen, wenn auch immer von der Anstandstante Prudence begleitet – nur zur Kirche wollte Henry nicht mitgehen, ein Symptom für seine Unabhängigkeit, an der letztlich eine Verbindung auch scheitern sollte.

John reiste der Schönen hinterher, machte ihr einen Antrag. Ellen, schwankend, glaubte aber, ihr Herz gehöre Henry. Ohnehin hätte ihr Vater, ein erzkonservativer Unitarier, die Verbindung mit einem Mann untersagt, der im Einflußbereich der gefürchteten und verteufelten Emerson-Gruppe lebte. Daher war Henrys brieflicher Versuch, ein halbes Jahr später, ebenfalls erfolglos; ein radikaler Freidenker wie er war als Ehemann Ellens gänzlich unvorstellbar.

Es bleibt die Spekulation, was bei einem Jawort der Familie Sewall passiert wäre: Hatte Henry es wirklich ernst gemeint? Sein Tagebuch ist jedenfalls voller Trauer. Tatsächlich vergaß er Ellen nie.

In der Zwischenzeit hatte er mit seinem Bruder in den Schulferien eine Reise auf den Flüssen Concord und Merrimack unternommen; die Liebesangelegenheit hatte die tiefen Freundschaftsgefühle zu seinem Bruder nicht belasten können. Das Aufschreiben dieser Reise sollte Jahre später seine erste, freilich erfolglose Buchveröffentlichung werden.

Am Vorabend dieser brüderlichen Woche gab es im Hause Thoreau eine von Henry in Szene gesetzte Melonen-Party. Henry präsentierte sich als stolzer Züchter der süßesten und größten Melonen: Er war gewiß nicht menschenscheu, zog sich nicht melancholisch-düster in die Isoliertheit zurück, aber oberflächliche Plaudereien und Süßholzraspeln waren ihm zuwider; er verstand sich nicht darauf, mit einer Frau länger als eine halbe Stunde zu reden, nur weil sie ein hübsches Gesicht und regelmäßige Formen aufwies.

Noch ein drittes Mal unternahm Henry den Versuch, sich in Liebe oder auch nur in Verehrung einer Frau zu nähern: Mary Russell aus Plymouth, Massachusetts, die häufig Mrs. Emerson besuchte und als Gouvernante des jungen Waldo tätig war.

Aber auch diese Beziehung schlug fehl. Trotz lyrischer Nachrufe auf die schöne »Maid im Osten« war Henry schon auf dem Weg zum überzeugten Junggesellen, der sich nicht immer gentlemanlike über die Frauen äußerte und ein Thema wie das Geschlechtsleben nur ungern berührte. Er, dem nichts Natürliches in Gottes freier Natur fremd war, verdrängte offenbar einiges menschliche beziehungsweise männliche Rühren. Sexualität war ihm nicht reinlich – und deswegen peinlich.

Schon der Anblick der Stinkmorchel, des »phallus impudicus«, irritierte ihn, wies ihn auf Gesetze und Notwendigkeiten hin, die den Menschen versklaven, einen willigen Geist der Schwäche des Fleisches ausliefern können. Und dieser Gefährdung schämte sich der sensible Idealist, für den die Liebe »das tiefste aller Geheimnisse« war. »Enthüllt, selbst vor dem geliebten Menschen«, so schreibt er, »ist sie nicht mehr Liebe.«

Heutzutage, da die körperlichen Bedürfnisse rehabilitiert scheinen, die lustbetonte Leibfreundlichkeit im Gegenteil nunmehr den Geist zu schwächen droht, mag uns Thoreaus Schamgefühl amüsieren. Aber selbst Freud hat die Scham als psychisches Urphänomen gelten lassen und nicht bloß als Resultat einer prüden Erziehung hingestellt. In diesem Zusammenhang würde Thoreaus Widerspruchsgeist heute gewiß zu der Diagnose kommen, die vielen seelisch Gestörten in den reichen Ländern litten an verdrängter Keuschheit!

Jedenfalls glaube ich nicht, daß ihm das puritanische Erbe sonderlich zu schaffen machte. In paulinischer Tradition erklärte er den Leib zum Tempel und verkündete in den *Higher Laws* sein Reinheitsideal:

»Keuschheit ist die Blüte des Menschen, und was Genius, Heroismus, Heiligkeit und dergleichen genannt wird, sind nur die verschiedenen Früchte, die daraus folgen... Es gibt nur *eine* Sinnlichkeit, mag sie auch viele Formen annehmen, und es gibt nur eine Reinheit. Es ist dasselbe, ob ein Mensch in lüsterner Weise ißt, trinkt, Geschlechtsverkehr hat oder schläft. Dies alles entspringt derselben Begehrlichkeit, und wir brauchen einem Menschen nur bei einer dieser Handlungen zuzusehen, um zu wissen, wie sinnlich er ist... Für den Scholaren ist Sinnlichkeit gleichbedeutend mit Geistesträgheit.«

Ich habe »student« mit dem Emerson-Begriff »Scholar« übersetzt, um darauf zu bestehen, daß Thoreau zunächst immer sich selbst meint. Er wollte halt mit sich *ins reine* kommen! Er ging den Weg der Sublimierung; selbstironisch wird er später in Naturbeschreibungen Metaphern aus dem Liebesleben verwenden.

Was den Junggesellenstatus betrifft, so war das Dasein als Unverheirateter keineswegs die große Ausnahme; seine eigene Großfamilie lieferte zahlreiche Beispiele.

Bleistiftversuche

1841 erkrankte John an offener Tuberkulose. Die Schule mußte geschlossen werden. Der unglückliche Henry war wieder ohne Anstellung, ohne Perspektive. Erstmals kam ihm der Gedanke, allem Weltlichen zu entsagen und sich an einen See zurückzuziehen; auch faßte er vorübergehend den Plan, ein Stück Land zu kaufen und dort in Einfachheit und Selbstbescheidung, nach Goethe in »Tätigkeit und Entsagung«, zu leben. Er bewunderte den Fuchs um seine Sorglosigkeit, mit der dieser über den gefrorenen See lief. Thoreau selbst zog sich auf einer Schneewanderung eine Bronchitis zu.

Was sollte er tun? Sich einer der progressiven Landkommunen anschließen, die damals bei alternativen Denkern und Künstlern in Mode kamen? Die Idee der Selbstverwirklichung (»self-reliance«) in autonomen Genossenschaften, zurückzuführen auf den französischen Sozialutopisten Charles Fourier (1772–1837), wurde in den Kreisen der Intelligenz heftig propagiert und manchmal auch in die Tat umgesetzt. Fourier hatte das durch historischen Ballast gelähmte Europa verlassen; Amerika dachte er sich als ideales Terrain für emanzipatorische Experimente. Hier schienen die Menschen guten Willens, neu anzufangen und Reformbestrebungen wie Abschaffung der Sklaverei, Gleichberechtigung der Frau, anti-industriell motiviertes Landleben, vegetarische Ernährung und vieles andere zu realisieren.

Am bekanntesten wurde die Kooperative der »Brook Farm« in der Nähe von Boston. Der große Romancier Nathaniel Hawthorne, der inzwischen ebenfalls in Concord wohnte, den Transzendentalisten locker verbunden, war einer der wenigen Literaten, die wirklich einige Zeit auf der »Brook Farm« lebten und die Milch der frisch-fromm-fröhlich-freien Denkungsart aus richtigen Kühen molken. Wirtschaftliche Schwierigkeiten, nicht zuletzt hervorgerufen durch die Unzuverlässigkeit der beteiligten Künstler, ließen dieses Gemeinschaftswerk nach einigen Jahren scheitern. Ähnlich erging es

»Fruitlands«, einer anderen Genossenschaft nur wenige Meilen von Concord entfernt, der sich Henrys Freund Alcott begeistert angeschlossen hatte.

Der ausgeprägte Einzelgänger Thoreau konnte sich aber mit kollektiven Zwängen und sektiererischer Strenge nicht anfreunden. Zwar befolgte er mittlerweile eine ganze Reihe von west-östlichen Lebensweisheiten, aber niemals dogmatisch, niemals mit missionarischem Absolutheitsanspruch, sondern immer mit Toleranz und Heiterkeit und lächelnder Bereitschaft zu Ausnahmen. So polemisiert Thoreau in *Walden* seitenlang gegen das fleischfressende Tier Mensch, rühmt die ethische Pflicht zur Ehrfurcht vor dem Leben – und gesteht in einer Manuskriptnotiz ein: »Aber praktisch bin ich nur halb überzeugt von meinen eigenen Argumenten, denn ich fische immer noch.«

»Es ist jetzt Zeit, daß ich anfange zu leben«, schrieb Henry Heiligabend 1841 in sein Tagebuch, »ich möchte so sein wie ihr, meine Wälder, und werde nicht eher ruhen, bis ich eure Unschuld erlangt habe.«

Schon im August dieses Jahres hatte er sein Dilemma poetisch-programmatisch zum Ausdruck gebracht:

> »Ein Gedicht war mein Leben,
> warum schrieb ich es nicht?
> Ich konnte nur eines:
> ich lebte das Gedicht.«

Leben und Schreiben sollten bei ihm schon bald ein Höchstmaß an Identität erreichen. Daß der junge Poet an seinem »Lebensanfang« Prioritäten zugunsten des wirklichen Lebens setzt – nichts ist natürlicher. Aber ohne die Kunst seines Schreibens wäre das Kunstwerk seines Lebens unvollendet geblieben. Mit dem Tagebuch hatte er die Kontrolle darüber, ob er die »höheren Gesetze« befolgte. Für jeden Schriftsteller ist dies ein dialektischer Spannungsprozeß: Wieviel Zeit soll er dem Schreiben »opfern«? Wieviel Zeit bleibt für das eigentliche Leben?

Als Vierundzwanzigjähriger war sich Thoreau darüber im klaren, daß ein normales Berufsleben mit vierzig gleichförmigen Dienstjahren für ihn nicht in Frage kam. Er wollte sich soviel persönliche Freiheit wie möglich reservieren, aufklärerisch im transzendentalen Sinne wirken, ein poetisches Dasein gestalten, auch wenn ihm dabei nicht viel *lesbare* Poesie gelingen sollte (um so wichtiger für den Biographen, seine Lebensspuren nachzuzeichnen).

Aber noch befand er sich in einer Phase äußerer Desorientierung. In diesem Lebensabschnitt war ihm sein Status in Concord nicht gleichgültig, wollte er seine geistige und körperliche Vitalität, sein Lebenskünstlertum, sein Naturtalent zur Geltung bringen; und so kam ihm die väterliche Zuwendung Emersons sehr gelegen, der den jungen Scholaren für zwei Jahre in sein Haus holte, wo er als Gärtner, Hausmeister, Bibliothekar, Erzieher und Redakteur der Zeitschrift *Dial* wirkte.

Emerson, der offenbar zwei linke Hände hatte, war heilfroh, einen so begabten und geschickten Menschen in seinem Domizil nach dem Rechten sehen zu lassen, zumal sich die Vortragsreisen häuften.

Die Zeitschrift *Dial*, das publizistische Organ der Transzendentalisten in Concord, war zu keiner Zeit ein geschäftlicher Erfolg. Resigniert hatte Margaret Fuller, die erste Herausgeberin, das Projekt fallenlassen. Emerson wuße, daß er in Thoreau einen literarisch ehrgeizigen Mitarbeiter hatte, und führte das Blatt vorerst weiter.

Natürlich erschienen jetzt vermehrt Beiträge aus der Feder Thoreaus, obwohl Emersons Protektion Kritik an stilistischen Einfällen seines Schützlings nicht ausschloß. Daß dieser zum Beispiel dem rauhen Hochgebirge wohnliche Atmosphäre zusprach, die wohlige Wärme von Schnee und Eis pries, die Wildnis belebt wie Rom und Paris, schalt Emerson als Manierismen. In den Augen eines klassisch Gesammelten mußten die kräftigen Sentenzen, die assoziativen Gedankensprünge eines jugendlichen Übertreibungskünstlers wie unernstes Spiel wirken.

Aber Henry war es ernst mit Emersons eigenen Empfehlungen (in *Natur*), den Geist der Kindheit bis ins Mannesalter zu erhalten, er wollte nicht erwachsen werden im Sinne etablierter Bürgerlichkeit, sich irgendwo mit einem Titel »in Position« bringen. In der schon erwähnten Heiligabend-Notiz äußerte er, er wolle bald fortgehen und abseits am See leben, wo er nur den Wind im Schilf flüstern höre. Und wenn die Freunde ihn fragten, was er denn dort tun wolle, antwortete er: »Ist es nicht Beschäftigung genug, den Fortgang der Jahreszeiten zu beobachten?«

Kein Wunder, daß Emersons Kinder Waldo und Edith ihn mochten. Henry war so anders als die übrigen Gelehrten. Wie gut beherrschte er das »Spiel des Lebens« und »Stadt-Land-Fluß«! Kinder und Dichter sind ja seit eh und je Komplizen.

Auch Emersons Frau Lydian kam mit dem Schwierigen gut zurecht; der literarisch wirkungsvollste Biograph Thoreaus, Henry Seidel Canby, hat in seinem 1939 erschienenen Buch allerlei Indizien für eine große platonische Liebe Henrys zu Lydian zusammengetragen – verbürgt ist freilich nichts weiter, als daß Henry die in der Tat liebenswürdige Mrs. Emerson in respektvoller Zuneigung seine »Mutter-Schwester« nannte.

Wie auch immer, es hätte eine glückliche Zeit im Hause Emerson sein können, doch oft genug stieß Henry seine Freunde absichtlich durch ungehöriges Benehmen vor den Kopf.

»Die Menschen sind gemeinhin verdorben durch ihr Wohlwollen und ihre Höflichkeit. Sie sind so konziliant und entschlossen, mit dir übereinzustimmen, daß sich ein Gespräch mit ihnen nicht lohnt. In einer kurzen Unterhaltung legen sie eine solche Langmut und Freundlichkeit an den Tag. Ich möchte jemandem begegnen, der provoziert und befremdet, so daß wir Gast und Wirt sein können und einander erfrischen. Es kann geschehen, daß ein Mensch völlig in seinen Umgangsformen verschwindet, sich in ihnen auflöst. Den tausendundein Gentlemen, die ich treffe, begegne ich mit Verzweiflung und nur, um mich wieder von ihnen zu trennen,

denn sie wecken in mir keinerlei Hoffnung auf eine Ungehö-
rigkeit. Ein ärgerlicher, grober, exzentrischer Mensch, ein
Schweigsamer, ein Mensch, der sich nicht gut drillen läßt – der
gibt zur Hoffnung Anlaß. Eure feinen Herren sind alle
gleich.«

Der immer auf Ausgleich bedachte Hausvater Emerson
wird diese Sätze auf dem Papier gewiß gebilligt haben, aber im
Zusammenleben mit dem unduldsamen jungen Freund konnten auf die Dauer Krisen und Zerwürfnisse nicht ausbleiben.
Dabei wäre Emerson der ideale Arbeitgeber gewesen; Thoreau
konnte sich nach Belieben im Hause nützlich machen, von der
reichen Bibliothek profitieren, Wanderungen unternehmen
oder seinem Vater helfen, falls eine größere Bleistiftbestellung
seine Mitarbeit erforderte.

Nathaniel Hawthorne, der sich mit Thoreau angefreundet
hatte, bedauerte Emerson ein wenig, ständig einen so starr-
köpfigen, grobschlächtigen, zu keinen Kompromissen berei-
ten Mann als Stammgast am Tisch und am Kaminfeuer zu
haben; es sei besser, wenn man derart unabhängigen, quasi
wilden Naturburschen nur gelegentlich im Freien begegne.
Hawthorne in seinem Tagebuch wörtlich:

»Er ist ein origineller Mensch, ein junger Mann mit viel
wilder, ursprünglicher Natur, intellektuell auf seine ganz
persönliche Weise. Er ist häßlich wie die Nacht, hat eine lange
Nase, einen schiefen Mund und ungehobelte, bäurische, aber
höfliche Umgangsformen, die gut zu solch einem Äußeren
passen. Doch ist er auf aufrechte und angenehme Art häßlich,
was viel besser zu ihm paßt als Schönheit ... Mr. Thoreau ist
ein scharfer und feiner Beobachter der Natur, ein geborener
Beobachter, was, wie ich vermute, ebenso selten vorkommt
wie eigenständiges Dichtertum; und die Natur erwidert seine
Liebe, sie scheint ihn als ihr Lieblingskind angenommen zu
haben und zeigt ihm Geheimnisse, die kaum ein anderer zu
Gesicht bekommt. Er ist vertraut mit Tier, Fisch, Vogel und
Reptil und hat seltsame Geschichten von Abenteuern und
freundlichen Begegnungen mit diesen niederen Brüdern der
Sterblichkeit zu erzählen. Kraut und Blume, wo sie auch

wachsen, ob im Garten oder in der Waldwildnis, sind gleichermaßen seine Freunde. Er steht auch in engen Beziehungen zu
den Wolken und kann die Vorzeichen von Stürmen angeben.
Es ist ein kennzeichnender Zug, daß er mit Hochachtung der
Indianerstämme gedenkt, deren wildes Leben so gut zu ihm
gepaßt hätte; und so merkwürdig es klingt, er geht selten über
ein gepflügtes Feld, ohne eine Pfeilspitze oder eine Speerspitze
oder ein anderes Überbleibsel des roten Mannes aufzuheben,
als seien ihre Geister einverstanden, daß er ihren bescheidenen Reichtum erbt.«

Thoreau hatte neben Emerson, Alcott und Hawthorne
einen neuen Freund gewonnen: den Dichter William Ellery
Channing, einen nicht immer zuverlässigen, draufgängeri-
schen Luftikus, der zwar Henrys tiefwurzelndes Streben nach
Vollkommenheit nicht teilte, wohl aber seine Liebe zur Natur.
Waren sie gemeinsam unterwegs, machten sie sich einen Spaß
daraus, an wie vielen Farmen sie im Schutze von Hecken und
Wäldchen vorbeilaufen konnten, ohne gesehen zu werden.
Channing, der Schwager Margaret Fullers, wurde später
Thoreaus erster Biograph.

Der an Tuberkulose leidende Bruder John zog sich Anfang
1842 eine Tetanusinfektion am linken Ringfinger zu und starb
Tage später – in den Armen seines verzweifelten Bruders.
Dieses Ereignis sollte Thoreau nie so recht verwinden. In den
Wochen und Monaten danach fiel er in tiefe Depressionen, ja
in eine schwere psychosomatische Krise: Auch er erkrankte,
und sein Körper wies die gleichen Symptome auf, die zuvor bei
seinem Bruder aufgetreten waren, man rechnete schon mit
seinem Tod. Zur Verschlimmerung des Leidens hatte der
beinahe gleichzeitige Tod des kleinen Waldo Emerson beigetragen, der an Scharlach gestorben war.

Das Leben im Hause Emerson wollte Henry nicht fortset-
zen. Immer häufiger kam es zu Meinungsverschiedenheiten
zwischen dem transzendentalen Oberhaupt und seinem Sekretär. Dieser war jetzt fünfundzwanzig Jahre alt und mußte etwas
Neues beginnen.

Emerson selbst half dem Eigensinnigen weiter und verschaffte ihm eine Hauslehrerstelle auf Staten Island bei seinem Bruder William.

Heimweh, Abscheu vor der New Yorker Menschenmasse, Lungenschwäche trieben Thoreau schon nach wenigen Monaten wieder nach Concord zurück. »Eine Million Menschen«, schrieb er am 8. Juni 1843 in sein Tagebuch, »sind für mich ohne Bedeutung, verglichen mit *einem* Menschen.« Die vielen bleichen, gleichen Gesichter eingewanderter englischer Fabrikarbeiter irritierten ihn mehr, als daß sie seine menschliche Anteilnahme weckten. Einzig das Meer war für ihn eine belebende neue Erfahrung. Und er lernte den einflußreichen Herausgeber der *New York Tribune*, Horace Greeley, kennen.

In einem Brief an seine Mutter bekennt er, damit zufrieden zu sein, »für immerdar an der Hintertür in Concord unter der Pappel sitzen zu können.« So kehrte er in den Schoß seiner Familie zurück, in die von Kindesbeinen an vertraute Einsamkeit der Landschaft um Concord.

Auf Staten Island hatte Henry das utopische Buch eines deutschen Einwanderers aus Pennsylvania, J. A. Etzler, kennengelernt, in dem der Menschheit ein Paradies ohne Arbeit dank maschineller Nutzung der Naturkräfte prophezeit wurde. Thoreau rezensierte das Werk auf seine Weise; ohne die technische Wahrscheinlichkeit überhaupt in Frage zu stellen, legte er den Finger auf die moralische Wunde: Könnten Menschen in diesem mechanistischen Saus und Braus den Sinn des Lebens finden? In komfortabler Arbeitslosigkeit glücklich sein? Was nützte es dem Menschen, wenn er Macht über Erde, Wasser, Luft gewänne und die Seele des einzelnen wäre unfähig zu Liebe und Selbsterkenntnis?

Thoreau war froh, noch nicht in einem inhumanen, abgeholzten, voll erschlossenen Schlaraffenland leben zu müssen. Wieder in Concord, wieder in seinen Wäldern, auf seinen Wassern, wieder mit Fernglas und Notizbuch unterwegs, das Seufzen des Windes in den Ohren, Waldameisen, Waldmurmeltiere, Waldschnepfen friedlich verfolgend, wurde ihm klar, daß er nicht nach Paris oder Rom zu reisen hatte, um alle

Schönheit dieser Welt, aber auch ihre Grausamkeit, ihr Leid und ihre Tragik zu erfahren – er konnte sich aus Concord nicht mehr wegdenken. So schrieb er:

»Ich glaube, lieber würde ich einen ganzen Tag die Kühe auf der Weide beobachten, wie sie alle in einer Richtung langsam auf mich zukommen, und lieber zeichnete ich ihre Bewegungen sorgfältig auf eine Karte und gäbe einen genauen Bericht über ihr Verhalten – als nach Europa oder Asien zu reisen und dort andere Richtungsänderungen zu beobachten. Denn in beiden Fällen sprechen wir ja nur von uns selbst, und im zweiten Fall wohl eher über ein ruheloseres, weniger wertvolles Ich als im ersten.«

Henry David Thoreau war jetzt überzeugt: Du mußt Schriftsteller werden! Bestätigte nicht schon ein ganz einfacher, spielerischer Buchstabentausch in seinem Namen diese Entscheidung: THOREAU – AUTHOR? Unbeirrt setzte er seine Tagebucheintragungen fort; und die Erinnerung an den verstorbenen Bruder gemahnte ihn beständig, die unvergeßlichen Wochen auf den Flüssen Concord und Merrimack endlich niederzuschreiben. Illusionen, einmal mit einem Buch groß herauszukommen, waren ihm fremd – so kümmerte er sich wieder um das Existenzminimum, half seinem Vater in der Bleistiftwerkstatt. Möglicherweise hat das häufige Einatmen von Graphitstaub seinen Lungen schwer geschadet.

Aber bei diesem Handwerk kam es zu einem grandiosen Erfolg, der ihm allseits Bewunderung einbrachte. In wochenlanger Konzentration auf Diesseitiges, auf Machbares, auf das technisch Erreichbare, Tag und Nacht bis in die Träume hinein damit beschäftigt, entwickelte er zur Herstellung exzellenter, höchsten Ansprüchen gerecht werdender Bleistifte ein Verfahren, bei dem feine Löcher ins Holz gebohrt wurden, durch welche sich die Minenmasse hineinpressen ließ. Die Stifte waren jetzt nur noch aus einem Stück und zerbrachen nicht mehr. Endlich hatten die Thoreaus ausgesorgt, dachte man in Concord.

Da leistete sich Henry ein anderes starkes Stück, das sein Ansehen über Nacht ramponieren sollte. Mit einem Schul-

freund hatte er einen Ausflug unternommen und ein Picknick-
feuer entfacht. Plötzlich machten sich die Flammen selbstän-
dig, ein großer Waldbrand war die Folge (über dreihundert
Morgen wurden vernichtet) und ein allgemeiner Zorn über die
törichten Freunde, die angesichts der herrschenden Trocken-
heit das Risiko hätten bedenken müssen. Und Henry, dieser
Wirrkopf, hatte zwar die Feuerwehr benachrichtigt, dann
aber, von einem Hügel herab, sich das Schauspiel angeguckt.
Nur knapp entging er der Strafverfolgung – sein Schulkamerad
war der Sohn einer einflußreichen städtischen Persönlichkeit.
Eine merkwürdige Kapriole in seinem Leben: dieser Baum-
liebhaber und Waldwächter par excellence – ein Brandstifter.
Ein schlechtes Gewissen wird er schon gehabt haben, denke
ich.

Die öffentlichen Pluspunkte, die er mit seiner Bleistifterfin-
dung gesammelt hatte, interessierten ihn von dem Zeitpunkt
an nicht mehr, als die Produktion in Serie gehen sollte und
einen geregelten Arbeitstag von ihm verlangte. »Ich werde
nichts wiederholen, was ich schon einmal gemacht habe!« und
»Wer einen Beruf ergreift, der ist verloren!« so dachte er und
wich der teuflischen Gefahr aus, ein geschäftstüchtiger, rei-
cher Mann zu werden. »Vor dem wirklichen Geschäft des
Lebens«, so seine Worte in dem späteren Essay *Leben ohne
Prinzipien*, wollte er sich nicht drücken.

Dauerhafte Bindungen, gar auf Lebenszeit, erschienen ihm
unzumutbar. Folgerichtig war er nicht verheiratet, ebenso
konsequent war er schon vor einigen Jahren aus der Kirche
ausgetreten, der First Parish Church. Er akzeptierte nicht, in
eine Glaubensgemeinschaft hineingeboren zu sein, und verweigerte die Kirchensteuerzahlung: weder sei er dieser kirchlichen noch jemals einer anderen bürokratisch verwalteten
Organisation beigetreten.

In Concord gab es so manche sonderbare Geistesgröße,
über die sich gut tuscheln ließ, aber Thoreaus Selbständigkeit
und seine widerborstige Extravaganz setzten die um Ruhe und
Eintracht (concord!) besorgte Bürgerschaft einem Wechsel-
bad der Gefühle aus.

Henry spottete:

»Was die Menschen soziale Tugend, guten Gemeinschaftssinn nennen, ist zumeist nichts anderes als die Sittlichkeit von
Schweinen, die in einem Stall eng beisammenliegen; massenweise und pöbelhaft wärmen sie sich aneinander in Kneipen
und sonstwo. Von Tugend kann man hier gewiß nicht sprechen.«

Arthur Schopenhauer ging in seiner Parabel von den
Stachelschweinen, beinahe zum selben Zeitpunkt verfaßt,
noch weiter: Zunächst trieben innere Leere und Monotonie
die Menschen zueinander, »aber ihre vielen widerwärtigen
Eigenschaften und unerträglichen Fehler stoßen sie wieder
voneinander ab. Die mittlere Entfernung, die sie endlich
herausfinden und bei welcher ein Beisammensein bestehn
kann, ist die Höflichkeit und feine Sitte.« Beides, die Tuchfühlung stumpfsinniger Geselligkeit und auch die taktvolldistinguierte Rücksichtnahme, »stachelte« Thoreaus Zorn an,
ließ ihn das Weite suchen.

Schopenhauer und Thoreau geißelten die potenzierte
Gemeinschaftsdümmlichkeit, sie vertrauten ihrer individuellen Kraft und verehrten die stillen Heiligen, die ihre Existenzängste und -zwänge in Askese und Gelassenheit überwinden.
Aber Thoreau war ein Optimist. Auch er wollte den Menschen
die Masken wegreißen, die Illusionen rauben, auch er hätte
jede einzelne, ja seine eigene Lebensgeschichte als Leidensgeschichte denunzieren können. Er wußte sich aber zugehörig zu
einer höheren, transzendentalen Wirklichkeit, in der »alles,
alles gut war«. Er glaubte nicht an das Böse im Menschen,
nicht an die Erbsünde, verteufelte nicht – wie die christliche
Tradition – selbst die Natur. Auch die Natur ist grausam,
gewiß, aber im Summen der Mücken vernahm er die Musik der
Himmelssphären, im Schweigen des Waldes, im Meeresrauschen, in den Frühlingsdüften, im Wogen eines Kornfelds, im
Licht des Vollmonds empfand er »Erlösung und Heil«.

Kein kirchliches Credo, kein vorformuliertes Glaubensbekenntnis interessierte ihn – der einzelne, aufrechte, ehrliche
Mensch war ihm die größere Offenbarung, und zu diesen

gehörten besonders die einfachen Bauern, Dickschädel, Undressierbare wie er selbst, die schlicht taten, was getan werden mußte – und nicht mehr. Männer wie Hubbard, Melvin, Minott.

Was aber tat Thoreau? Das Jahr, der Tag, die Stunde war gekommen, sein eigenes, ganz persönliches Lebensexperiment durchzuführen.

Walden oder Leben in den Wäldern

Thoreau zählt zu der Minderheit von Menschen, die sich mit der Welt, so wie sie ist, nicht von vornherein arrangieren, sondern sich erlauben, Fragen zu stellen: ein Unangepaßter, ein Oppositioneller, ein geborener Protestant (also doch!). Viele seiner paradoxen Aussagen hat man als rhetorische Tricks entlarven wollen (auch Emerson beklagte ja dieses Verfahren), aber nicht wenige Maximen hat Thoreau in die Tat umgesetzt. Das biblische Gebot: »Sechs Tage sollst du arbeiten...« kehrte er einfach um! Tatsächlich reichte ihm *ein* Tag fremdbestimmter Gelegenheitsarbeit pro Woche, genügten ihm dreißig bis vierzig Arbeitstage im Jahr; im übrigen nahm er sich »das Leben«, nahm er sich seine Zeit, ließ sie sich nicht von den Herrgöttern Ehrgeiz, Machtstreben, Gewinnsucht stehlen.

Selten finden wir in der Geistesgeschichte Männer (Frauen übrigens häufiger), deren Denken und Handeln kongruent waren, deren Schreiben und Leben übereinstimmten. Thoreau ist einer der wenigen, die die Konsequenzen gezogen haben.

»Ich zog in die Wälder, weil mir daran lag, mit Bedacht zu leben, mich nur mit den wesentlichen Dingen des Lebens auseinanderzusetzen, um zu sehen, ob ich nicht lernen könnte, was es mich zu lehren hatte, um nicht, wenn es ans Sterben ginge, entdecken zu müssen, nicht gelebt zu haben.«

»Mit Bedacht« hatte Thoreau – er war jetzt achtundzwanzig Jahre alt den Zeitpunkt seines Umzugs gewählt: 4. Juli, Tag der Unabhängigkeit.

Reformen, Veränderungen müssen konkret beim einzelnen anfangen, gesellschaftliche Großkampagnen sind erfolglos, so seine Überzeugung. In aller Ruhe hatte sich Thoreau in der ersten Jahreshälfte 1845, bloß zwei Meilen von Concord entfernt, am Waldensee eine Blockhütte errichtet. Das Grundstück gehörte Emerson, der es erworben hatte, um einen schönen Waldbestand vor profitabler Rodung zu retten.

Gut zwei Jahre sollte Thoreau hier verbringen. Endlich kam

er dazu, die Reise mit seinem Bruder (damals auf den Flüssen) zu Papier zu bringen. Rund um die Uhr – falsch: er ließ sich ja seine Zeit nicht durch das Ticken einer Uhr »zernagen« – konnte er Tage- und Nachtbücher mit Beobachtungen und Einsichten füllen.

Für viele Menschen in unserem Jahrhundert – das vorherige nahm nur geringe Notiz von diesem amerikanischen Diogenes – ist sein erst sieben Jahre nach dem Hüttenaufenthalt erschienenes Hauptwerk *Walden oder Leben in den Wäldern* eine Quelle geistiger Erneuerung und Besinnung geworden. Dieses lebensbejahende, die »stille Verzweiflung« und Resignation der meisten Menschen bekämpfende Buch, das voll unbequemer Wahrheiten steckt und im Grunde doch so menschenfreundlich ist, muß man gelesen haben – ich scheue diese abgenutzte Empfehlungsformel nicht!

Allerdings, so Thoreau, hat er das Buch nicht für kräftige, selbstbewußte Naturen geschrieben, nicht für die, die genau wissen, was sie zur Zeit tun, vielleicht sogar an der Gegenwart mit Zärtlichkeit und Liebe Anteil nehmen (zu denen rechnete sich Thoreau selbst!), sondern:

»Nur zu der Masse jener Menschen spreche ich, die unzufrieden sind und sich vergeblich über die Härte des Schicksals oder der Zeiten beklagen, während sie beides doch verbessern könnten... Ferner denke ich an die scheinbar wohlhabende, aber im Grunde allerärmste Gruppe unter uns: die bemitleidenswerten Menschen, welche teuersten Plunder angehäuft haben und nicht wissen, wie sie ihn gebrauchen oder wieder loswerden sollen, und die sich damit selbst ihre goldenen oder silbernen Ketten schmiedeten.«

Der Walden-Wohnsitz war durchaus ein fester, auch war Thoreau nicht von der Außenwelt abgeschnitten: Die Dampfeisenbahn keuchte und pfiff in unmittelbarer Nähe vorüber, die Landstraße Lincoln – Concord war in Sichtweite; Freunde, Farmer, Neugierige kamen häufig zu Besuch, und er selbst ging regelmäßig, meist über die Bahngeleise, heim ins Städtchen, nahm weiterhin die großzügigen Einladungen Emersons zum Dinner an und aß Mutter Cynthias famose Apfeltorte.

Auch der Weise, so hatte schon Diogenes gelehrt, ißt Kuchen, wenn er ihn nur ebensogut entbehren kann. Einmal unterbrach Thoreau sein »Experiment« sogar für eine vierzehntägige Reise in die Wälder von Maine.

Viele Trapper, Jäger und Freibeuter an der Grenze hatten damals gewiß mehr Abenteuer zu bestehen. Diese »wandernde« Grenze war der jeweils äußerste besiedelte Westen; erst 1890 war die Ost-West-Verbindung lückenlos. Grenzer waren jene zähen, unabhängigen Gestalten, die in ihrem Freiheitsdrang mit der Aussicht auf spottbilligen Bodenbesitz (1 3/4 Dollar pro Morgen; später gar kostenlos) im Umgang mit den Indianern, das heißt bei ihrer gnadenlosen, zumeist illegalen Vertreibung, aber auch untereinander nicht zimperlich waren; es herrschte das rücksichtslose Gesetz des Stärkeren, Schlaueren, Schnelleren – und dies besonders kraß, als mit Goldfunden eine neue »Grenzsituation« eintrat.

Massachusetts war dagegen kaum mehr eine unerschlossene Wildnis – Thoreau beteiligte sich ja selbst an dieser Kultivierung und »Eingemeindung«, seine sichere Einschätzung von Entfernungen, sein intuitiver Sinn für Maß und Zahl machten ihn zu einem begehrten Landvermesser.

Thoreau war, was *Walden* angeht, nicht etwa der ganz andere, der Alternative, der wie ein Exot angestarrt wurde; er war ein Yankee wie die anderen auch, ein ganzer Kerl, der sein Schicksal selbst bestimmte, der sich in (allerdings freiwilliger) Genügsamkeit, ausgestattet mit dem Notwendigsten (einem Messer, einer – geliehenen! – Axt), in der Natur zu behaupten, ja, sie auf seiner Seite wußte. An den heiligen Franz erinnert es uns, wenn wir von Thoreaus persönlichem Verhältnis zu den Pflanzen und Tieren lesen; dem stundenlang ausharrenden Beobachter näherten sich Bisamratten, Eichhörnchen und Falken schließlich voller Zutrauen; Fische schwammen ihm in die Hand.

Besonders die Murmeltiere taten's ihm an – er akzeptierte ihre älteren Wohnrechte, aber als sie es gar zu toll trieben und sein Bohnenfeld ruinierten, wehrte er sich in bemerkenswerter Eskalation. Zunächst fing er den Sippenältesten in einer Falle, erteilte ihm eine strenge Lektion – und ließ ihn wieder frei. Als diese Maßnahme nichts fruchtete, stellte er ihm erneut eine Falle und verschleppte ihn zwei Meilen weiter. Keine Lösung fürwahr, sondern individuelle Verlagerung des Problems. Wahrscheinlich machte der Farmer in jener Gegend mit dem nimmersatten Vertriebenen kurzen Prozeß; Thoreau freilich hatte seit langem das Gewehr (und auch die Angelrute) beiseite gelegt.

Einmal ließ er sich dann doch zu blutiger Rache hinreißen, schlachtete das Murmeltier, das sein Bohnenfeld verwüstet hatte, und verspeiste es, trotz seines moschusartigen Geschmacks, mit großem Genuß.

Seine Nahrung bestand ansonsten aus Roggen- und Maisschrot, Kartoffeln, Reis, Heidelbeeren und sehr wenig gesalzenem Schweinefleisch. Sein Süßstoff war selbstabgezapfter Ahornsirup.

Einige Skeptiker glaubten nicht, daß er allein von Pflanzenkost leben könne. Thoreau stieß die Fragesteller vor das Brett ihres Kopfes: Er könne von Bretternägeln leben. Ein Farmer hielt ihm vor, die Pflanzenkost tue nichts für den Knochenbau, »und während er mir alles erklärt, läuft er hinter seinen Ochsen her, die mit ihren vegetarisch aufgebauten Knochen ihn mitsamt seinem rumpelnden Pflug über alle Hindernisse hinwegziehen.«

Einfachheit! Einfachheit! Einfachheit! so Thoreaus Devise, mit diesem Ausruf gleichzeitig beweisend, daß manchmal das Einfache dreifach gesagt werden muß, um es neu zur Geltung zu bringen.

In Thoreaus Hütte gab es drei Stühle, »einen für die Einsamkeit, zwei für die Freundschaft, drei für Gesellschaft.« Und dies der Rest seiner Einrichtung: Bett, Tisch, Pult, Spiegel, Feuerzange, Topf, Kessel, Pfanne, Schöpflöffel, Waschschüssel, zwei Messer und Gabeln, drei Teller, ein Becher, ein Löffel, ein Sirup- und ein Ölkrug, eine lackierte japanische Lampe. Diogenes warf sogar, als er einen Knaben aus der hohlen Hand trinken sah, seinen Becher fort, schreibt Thoreau in sein Tagebuch.

Mit jeder Verringerung der Bedürfnisse sah er das Maß seiner Freiheit wachsen. Er kehrte dem bürgerlichen Dasein den Rücken, nicht um Buße zu tun und sich auf ein besseres Jenseits vorzubereiten; im Unterschied zu Schopenhauer, zu fernöstlichen Weisheitslehren – und wie gerne las er die erhabenen Gesänge der Bhagavadgita –, liebte er ja dieses Leben, hätte er bedauert, nicht geboren zu sein, nicht an den Feiern der Natur, an ihren ewigen Sonntagen teilgenommen zu haben. Hier am Waldensee war ihm der »Trunk unverdünnter Morgenluft« vergönnt, träumte der stille Genießer manchmal bis weit in den Mittag auf der sonnigen Türschwelle inmitten von Kiefern, Hickory- und Sumachbäumen, labte er sich an köstlichen Abenden, wenn sein Körper »Wonne saugt durch jede Pore« und das Echo seines Flötenspiels ihn in das Glück der Kindheit zurücktrug, sein gegenwärtiges vervielfältigend.

Idyllische Töne, gewiß – aber *Walden* ist alles andere als ein Poesiealbum mit Glanzbildern. Die Verhältnisse, sie sind nicht so, das wußte auch Concords »only man of leisure«, Concords einziger Müßiggänger. Aus der Distanz seiner Hütte heraus kritisierte er die Eitelkeit der Menschen und ihren krankhaften Ehrgeiz, mit dem sie Paläste bauten, Pyramiden und Großbanken, um »ihr Andenken durch einen Haufen behauener Steine zu verewigen.« Krieg solchen Palästen! Friede den Hütten!

Dabei ließ Thoreau weder die Großkopfigen, die Wichtigtuer dieser Welt ungeschoren, die Pharaonen da oben, die Päpste und Präsidenten, noch die Selbstausbeuter da unten, die bereit sind, sich selbst lebendig zu begraben, und sich in finanzielle und moralische Zwangsjacken stecken lassen. Wie Diogenes in seiner Tonne war Thoreau niemandem untertan, gehorsam einzig dem Eigensinn.

Gegenüber selbsternannten prophetischen Reformern und Erlösern war er mißtrauisch – die wollten nur ihre eigenen Übel kurieren und hätten »die Menschen mehr in ihrer Angst getröstet als in ihrer Hoffnung bestärkt.« Die Misere vieler Leute, die elende Lage der irischen Eisenbahnarbeiter, die für

einen Hungerlohn sechzehn Stunden am Tag schufteten und in
»Schweineställen« (Thoreau) hausten, sei nicht mit Güte und
Almosen zu ändern. Thoreau setzte auf die Selbstheilkräfte,
auf Eigeninitiative. Falls die »guten Onkel und Tanten des
Menschengeschlechts« ihn aufsuchen sollten, um ihm eine
Wohltat zu erweisen, würde er davonlaufen, so schnell ihn
seine Füße trügen.

Wenn Thoreau mit asketischen Lebensformen experimentierte, so weniger, um nachzuweisen, daß er für seinen
gesamten Aufenthalt nur ein paar lächerliche Dollar benötigte
– akribisch führte er bis auf den letzten Cent darüber Buch, die
herrschenden materiellen, geldzentrierten Wertmaßstäbe
damit ad absurdum führend. Keineswegs verschwieg er in
seiner Endabrechnung das entstandene Defizit (25 Dollar, 21
3/4 Cent), den ökonomischen Erfolg hatte er nicht vorrangig
angestrebt. Vielmehr sollte sein Lebendversuch ihm helfen,
sich drastisch weniger von außen, von anderen versorgen zu
lassen. Vor allem aber wollte er Selbst-Erkenntnis, Geistesge-
genwart und existentielle Wachheit steigern und weit die
Flügel seiner Seele ausspannen. Indem er unter primitiven
Bedingungen ein Leben aus den Wurzeln führte, wuchs in ihm
ein neues Gefühl der Zusammengehörigkeit mit Pflanzen und
Tieren, das Kriegshandlungen gegen die Natur nur in Ausnah-
mesituationen gestattete. Ironisch schreibt der Bohnenexperte
Thoreau hierzu:

»Ein langer Krieg, nicht mit Kranichen, sondern Unkräu-
tern, jenen Trojanern, die Sonne, Regen und Tau auf ihrer
Seite hatten. Täglich sahen die Bohnen, wie ich ihnen mit der
Hacke zu Hilfe kam und die Reihen ihrer Feinde lichtete, so
daß sich die Gräben mit Unkrautleichen füllten. Manch
kampfesfroher, helmbuschumflatterter Hektor, der seine ihn
umdrängenden Kampfgenossen um einen ganzen Fuß über-
ragte, fiel durch meine Waffe und sank in den Staub.«

Walden ist voller Heiterkeit! Kein vergeistigter Trauerkloß
palavert hier, sondern ein Satiriker, der den jämmerlichen
Unverstand von Menschen an eigenen verbliebenen Torheiten
bloßstellt. Nicht zurück zur Natur will er, wie Rousseau,

sondern zurück zur Unabhängigkeit. Diese ist dann aber auch der Natur selbst zurückzugeben!

In unserem Jahrhundert fordert der alternative amerikanische Denker und Dichter Gary Snyder: »Wir sollten unsere Ernten zu einem bestimmten Prozentsatz mit Insekten teilen, wie ›Steuer zahlen‹«, und zitiert dann Thoreau:

»Wie kann die Ernte schlecht werden? Soll ich mich nicht freuen über den Überfluß an Unkraut, dessen Samen die Kornkammern der Vögel sind? Es kommt nicht darauf an, ob die Felder die Scheunen des Bauern füllen. Der wahre Landmann wird sich nicht sorgen, wie auch das Eichhörnchen sich nicht bekümmert, ob die Bäume in diesem Jahr Kastanien tragen oder nicht, und er wird alle Tage seine Arbeit beenden, indem er jeden Anspruch auf den Ertrag aus seinen Feldern aufgibt, und im Geiste nicht nur seine ersten, sondern auch die letzten Früchte als Opfer darbringen.«

Seinen Lebensraum mit den Tieren zu teilen verstand sich für Thoreau von selbst. Liebe Gäste waren ihm auch die Kinder; »wie ein Windhauch« wurden sie aus dem Ort zu ihm herausgetrieben, um seinen Naturerzählungen zu lauschen. Mit großen Augen verfolgten sie, wie, auf sein Flötenspiel hin, ein zweiter Hüttenbewohner auftauchte: eine putzige Maus, die an ihm herumkrabbelte; und auch die Eichhörnchen kamen herbei, von seinem Summton angelockt, und fraßen ihm aus der Hand. Henry war ein Siedler, kein Einsiedler.

An einem Oktobernachmittag ruderte er einmal am Ufer entlang, als er plötzlich das Lachen des Eistauchers vernahm. Thoreau verfolgte ihn, wollte näher an ihn herankommen, aber immer wieder tauchte der Vogel unter, um an unerwarteter Stelle den menschlichen Späher mit seinem unheimlichen Gelächter zu verspotten, »wohl der wildeste Schrei, der je in der Gegend hier vernommen wurde ... Ich schloß daraus, daß der Vogel im Vertrauen auf seine eigenen Kräfte meine Anstrengungen verlachte.«

Thoreau – wie Diogenes – scheint mir solch ein fröhlicher Spottvogel zu sein, sicher seiner eigenen Kräfte, von keinem Weltherrscher, keinem Wohltäter abhängig.

Oft sagten die Leute zu ihm: »Sie müssen sich doch einsam fühlen hier draußen und sehnen sich gewiß, wenn es regnet oder schneit, und besonders nachts, näher zu Menschen!« Tatsächlich, in den ersten Wochen hatte Thoreau leichte soziale Entzugserscheinungen, um aber schon bald die Früchte dieser Abstinenz zu ernten: Seine »Rendezvous« mit Bäumen, die »unendlichen, unerklärlichen« Freundschaftsbekundungen der kleinsten Tannennadel, eines jeden Regentropfens ließen ihn die vermeintlichen Vorteile menschlicher Nähe vergessen. Ja, jetzt erkannte er, daß er sich einsamer fühlte, wenn er sich unter die Menschen begab, als wenn er in seinem Zimmer blieb. Die Unfähigkeit, »in Ruhe in einem Zimmer zu bleiben«, hatte schon Blaise Pascal als die Ursache allen Unglücks der Menschen gebrandmarkt. »Der Mensch, der denkt oder arbeitet, ist immer allein« – aber einsam?

»Ich bin nicht einsamer als der Eistaucher, der so laut lacht auf dem See, oder als der Waldenteich selbst. Bitte, was für Gesellschaft hat denn dieser einsame See? Und doch sind keine blauen Teufel, sondern blaue Engel im Azur seiner Wasser. Die Sonne ist allein, außer bei nebeltrübem Wetter, wenn es bisweilen zwei Sonnen zu geben scheint, aber eine davon ist ein Trugbild. Gott ist allein – dem Teufel dagegen liegt das Alleinsein fern; er hat Gesellschaft die Fülle: er zählt Legionen. Ich bin nicht einsamer als eine einzelne Königskerze oder der Löwenzahn auf der Weide, als ein Bohnenblatt oder der Sauerampfer, als eine Bremse oder Hummel. Ich bin nicht einsamer als der Mühlbach, der Wetterhahn oder der Polarstern, als der Südwind oder ein Aprilschauer, als Tauwetter im Januar oder die erste Spinne in einem neuen Haus.«

Auch tiefer Winter konnte seine Behaglichkeit nicht beeinträchtigen, denn der in zwei Stunden in einen Hang gegrabene Keller enthielt Kartoffelvorräte, vor dem Fenster lagerten Holzstapel, die er liebevoll betrachtete, der mit Backsteinen aus zweiter Hand erbaute offene Kamin rauchte. Innen war die Hütte mittlerweile verputzt – Henry hatte hierfür den feinen Ufersand des Waldensees herbeigeschafft – und außen mit Schindeln beschlagen: mithin keine Bruchbude, bei aller

Bescheidenheit keine spartanische Zelle, bloß um zu überleben – sondern ein Traumhaus, wo er »vertrauensvoll in
Richtung seiner Träume zur Freiheit einer höheren Ordnung«
gelangte, wie es in seiner Schlußbetrachtung heißt.

Im Hinblick auf transzendentale Ziele war Thoreau unbe-
scheiden, ja vermessen – und dennoch demütig zugleich. Sein
schönes Wintergedicht *Smoke* erfleht denn auch die himmli-
sche Nachsicht:

> »Ikarischer Vogel: leichtbeschwingter Rauch,
> du schmilzt die Flügel dir im Aufwärtsflug,
> versprichst den Morgen, Lerche ohne Lied,
> kreist über den Hütten wie um dein Nest;
> oder auch schwindender Mitternachtstraum,
> Schattengestalt, die ihre Schleier rafft,
> verhüllst die Sterne nachts, den Tag
> in dunkles Licht, löschst aus den Sonnenschein.
> Empor, mein Weihrauch, steig von diesem Herd:
> Verzeiht der Flamme, Götter, dieses Hell.«

Wintergäste waren nicht eben zahlreich; lediglich die Maul-
würfe nisteten in seinem Keller und nagten »an jeder dritten
Kartoffel«. Irische Arbeiter, die das Eis des Waldensees in
Blöcke schnitten, damit es für gutes Geld in die Südstaaten
verkauft würde, fielen gelegentlich ins Wasser und wärmten
sich an Thoreaus Herd. Der Hausherr beklagte den Eingriff in
die Natur, der dem Waldensee seinen Rock, ja seine Haut
raubte! Aber, so Thoreau mit Genugtuung, unsachgemäße
Lagerung ließ die Eistonnenberge wieder in den See zurück-
schmelzen. Auch die besten Freunde, Alcott und Channing,
drängte es an Thoreaus Feuer, durch Schnee, Regen und
Dunkelheit schlugen sie sich zu ihm durch, und bei einer
dünnen Gemüsesuppe entstanden »brandneue Lebensetheo-
rien«.

Aber nicht immer war mit ihm gut Bohnen essen. Am
liebsten war er allein im Freien, verzichtete auf die Gesellschaft von Leuten, die »mit Ideen kamen, statt mit Beinen«.

Thoreau war stets unterwegs, ein Fuß-, Müßig-, Einzel*gänger*, und hierfür brauchte er einen breiten Rand im Leben. So wie Banausen den breiten Rand in Büchern der Poesie als Platzvergeudung anprangern, so verachten die mit praktischer Vernunft ausgestatteten seriösen Bürger Individuen à la Thoreau als Faulenzer, Traumtänzer, Parasiten. Geschäfts- tüchtige Einäugigkeit läßt den Wert »beschaulicher« Lebens- führung, von Stille, erfülltem Schweigen und Kontemplation nicht erkennen.

Die Randfigur Thoreau, kein Ex-Zentriker, sondern ein Mensch, der aus eigener Persönlichkeits*mitte* heraus lebte, bewies (sich selbst), wie Zeit und Freiheit und Licht für die Seele zu gewinnen waren.

Muße – das war für Thoreau unbekümmerte, verschwende- rische, liebevolle Aufmerksamkeit für die Natur; ihre »kristal- lisierte Güte« faszinierte ihn immer wieder neu, mit seinen fünf Sinnen öffneten sich ihm die Fenster zum Unsichtbaren. Für den Transzendentalisten offenbarte sich in den Naturer- scheinungen Gott selbst, »wehte der Morgenwind immerdar, das Gedicht der Schöpfung kennt keine Unterbrechung, aber nur wenige haben Ohren, um zu hören.«

Diese göttliche Sprache versteht nur, wer zur Selbsterfor- schung bereit ist und die Natur als spirituelle Botschafterin anerkennt. Thoreau folgte Emersons Interpretation, daß die alte Maxime »Erkenne dich selbst!« und die moderne Forde- rung »Erforsche die Natur!« zu ein und demselben Gebot geworden sei.

»Ein See ist der schönste, ausdrucksvollste Schmuck einer Landschaft. Er ist das Auge der Erde, wer hineinschaut, ermißt die Tiefe seines eigenen Wesens.«

Die Fähigkeit, stehenzubleiben und zu staunen, das Lebens- tempo zu verlangsamen, im Hier und Jetzt bewußt dazusein: von Emerson hierin theoretisch unterwiesen, aus indischen Quellen philosophisch gespeist, hat Thoreau am Waldensee wirklich so gelebt. Mit Urvertrauen zur Mutter Natur. Und es schmerzte ihn, mitansehen zu müssen, wie die moralische Zerrüttung der Menschen sie dazu führte, die Würde der

Natur anzutasten, die Wälder abzuholzen und gigantische Bohnenfelder anzulegen; deswegen wollte er im zweiten Jahr lieber Saatgut wie »Aufrichtigkeit, Einfachheit, Vertrauen« ausstreuen...

Aber er nannte auch die Gegner, die Ursachen beim Namen – eine ökologische Attacke, die heute ungemein berechtigter klingt:

»Aus Gier und Selbstsucht und der üblen Angewohnheit, den Boden als Besitz anzusehen oder in erster Linie als Mittel, um Besitztümer zu erlangen, ist die Landschaft entstellt, der Ackerbau denaturiert wie wir selbst, und der Landwirt führt ein Leben der niedrigsten Art. Er kennt die Natur nur als Räuber.«

Thoreau dagegen, auf seinem Weg der Selbsterfahrung und Selbstläuterung, erkannte die Erde – in indianischer und indischer Tradition – als Heiligtum, als Tabubereich, den man nicht ungestraft verletzt. War er aber selbst ein Heiliger?

Einiges spricht dafür: die bedürfnislose, zölibatäre Lebensweise, das Streben nach Vollkommenheit, die konstruktive, positive Gestimmtheit, die meditative Begabung mit Augenblicken ekstatischer Erleuchtung, das Denken mit dem Herzen, dabei »das Ganze« im Auge behaltend, sein Selbstverständnis als Bote des Göttlichen, seine objektive Funktion als irritierendes Vorbild.

Als Teilhaber an der kosmischen »Allseele« (so der transzendentalistische Begriff) lehnte Thoreau jeden religiösen Stellvertreter ab. Die offiziellen Kirchen mit ihren starren Dogmen und Zeremonien waren ihm zuwider. Das Christentum mochte er nicht als alleinseligmachend anerkennen. Dagegen konnte ihm der Hochwald zur Kathedrale werden, ein redlicher Mensch zum Priester, das fernöstliche Weisheitsbuch zur Bibel. Thoreau war als Mystiker bestrebt, sich seines eigenen göttlichen Wesenskerns zu vergewissern und den Nebel, den Schleier von künstlichen Ordnungen und Begriffen zu durchdringen, um etwas vom Geist des Schöpfers zu erfahren. Er glaubte an das innere Wachstum der Seele, »an die Nacht, in der das Korn wächst«.

Auswärtigen erzählte man in Concord, es gebe hier drei religiöse Gruppen: die Unitarier, die Orthodoxen und die Waldensee-Gesellschaft. Mit der letzteren waren die transzendentalen Ausflügler gemeint, Naturliebhaber und Gut-Gläubige; und Thoreau war ihr Hohepriester, der am Waldenteich als Seel- und Seesorger wirkte. In der Gewißheit auf überpersönliche Unsterblichkeit fürchtete er weder den Stachel des Todes noch den Sieg einer Hölle. Im engen christlichen Sinn droht Thoreau keine Heiligsprechung.

Ironisch, bissig, fähig zu Wandlungen und mit der Lust zum Widerspruch selbst gegen Jesus provozierte Thoreau Kritik sogar von Menschen, die ihm wohlgesinnt waren. Viele wollten ihn in eine Rolle zwingen, in eine Lebensaufgabe (im doppelten Sinn des Wortes): So sah die im Elternhaus lebende bürgerlich-handfeste Tante Maria ihren Neffen hilflos, von Gott, von allen guten Geistern verlassen im Leben dahintrudeln – aber auch Emerson, der Olympier, der Geistesheros seiner Zeit, mußte enttäuscht sein, hatte er doch in Thoreau große Hoffnungen »investiert«, die sich nicht erfüllten. War Thoreau eine verkrachte Existenz?

»Er zündete bei Tage ein Licht an und sagte: ›Ich suche einen Menschen‹«, heißt es von Diogenes. Henry David Thoreau wäre ihm aufgefallen.

Thoreau, der selbstgenügsame Individualist, versteckte sich keineswegs, aber er buhlte auch nicht um öffentliche Anerkennung, ja, er lehnte brüsk jede Verantwortung für etwaige Nachahmer ab.

»Ein junger Mann aus meinem Bekanntenkreis, der einige Hektar Land geerbt hat, sagte mir, er würde gerne so leben wie ich, ›wenn er die Mittel dazu hätte‹. Ich möchte aber nicht, daß irgend jemand meine Lebensart wie auch immer übernimmt, denn abgesehen davon, daß ich, bevor er sie wirklich erlernt hat, vielleicht eine andere gefunden habe, wünsche ich, daß es soviel verschiedene Menschen als möglich auf der Welt gebe; ein jeglicher sehe nur sorgfältig darauf, *seinen eigenen Weg* zu finden und zu gehen und nicht statt dessen den seines Vaters, seiner Mutter oder seines Nachbarn.«

To find out his own way: Diese Kernaussage Thoreaus muß jeder für sich selbst übersetzen, denke ich.

Am 6. September 1847 verließ Thoreau seine Hütte am Waldensee; zwei Jahre, zwei Monate und zwei Tage, nachdem er sein Experiment begonnen hatte, brach er es einfach ab.

Ziviler Ungehorsam

In der Experimentierphase eines freien Lebens gab es jedoch einen Tag, genauer gesagt: eine Nacht der Unfreiheit. Im Juli 1846 wurde Thoreau auf dem Weg zum Schuster vom Konstabler des Ortes aufgefordert, endlich seine seit Jahren ausstehende Wahl- bzw. Kopfsteuer zu entrichten. Thoreau zahlte nicht – aus Prinzip, denn er befand, daß etwas faul war im Staate Massachusetts.

Erbost über die laue Haltung des Nordens in der Sklavenfrage, von den humanitären Lippenbekenntnissen auch eines so bedeutenden Senators wie Daniel Webster angewidert, dem letztlich die Aufrechterhaltung von Schutzzöllen und die Einheit der »Staaten« wichtiger waren als die Reinheit der politischen Moral, mochte sich Thoreau nicht länger aus dem Streit der Welt heraushalten.

Punktuell war er durchaus bereit, sich in das üble Geschäft der Politik einzumischen, aber wählen ging er niemals; er wollte seine Stimme nicht »abgeben«, sie in einer Wahlurne bestatten. Anders als im Verhältnis zur allwaltenden, herzlichrauhen Mutter Natur war ihm Vater Staat stets suspekt beziehungsweise gleichgültig; *die* Regierung galt ihm als beste, »welche gar nicht regiert« und darauf verzichtet, Menschen zu Untertanen, zu Maschinen, zu willenlosen Dienstleistenden verkommen zu lassen.

»Dieses Volk muß aufhören, Sklaven zu halten und gegen Mexiko Krieg zu führen, auch wenn es seine Existenz als Volk kosten sollte.«

Das freundliche Angebot des Konstablers Sam Staples, Henry die Steuerschuld, einen Bagatellbetrag, vorzustrecken oder beim Stadtrat eine Stundung zu beantragen, stieß auf taube Ohren. Da blieb dem braven, pflichtbewußten Mann nichts anderes übrig, als den Renitenten zu verhaften und ins Gefängnis zu befördern.

Warum der sonst so gutmütige Konstabler sich diesmal entschlossen hatte, ein Exempel zu statuieren, kann nur vermutet werden. Vielleicht war der aktuelle Krieg mit

Mexiko der Grund, der seine Staatsräson schärfte, seine patriotischen Gefühle anheizte.

Texas hatte sich von Mexiko gelöst und der Union angeschlossen. Diese wollte nun auch Kalifornien und Neumexiko in ihren Besitz bringen. Ein Kaufangebot wurde von Mexiko abgelehnt. Zum Streit kam es aber auch innerhalb der Union, da sich in den neuen Gebieten, wo wie im übrigen Süden Baumwollplantagenwirtschaft mit Negersklaven betrieben wurde, zwangsläufig die Sklaverei ausdehnen würde. Seit 1820 war mit dem Missouri-Kompromiß der 36°30′ nördliche Breitengrad als Grenze der Sklaverei festgelegt: eine Schicksalslinie der USA.

Thoreau, der bei aller Verachtung des politischen Alltags klare fundamentale Positionen bezog, die sich am Naturrecht und an den Menschenrechten orientierten, war nicht der erste, der als Steuerverweigerer mit der Staatsautorität in Konflikt geriet; schon Freund Alcott hatte diese Erfahrung gemacht, war aber nicht hinter Gitter gekommen. Thoreaus Großfamilie galt regional als eine Anlaufstelle der Sklavereigegner, der »Abolitions«. Flüchtigen Sklaven gewährte sie Unterschlupf, und sie half ihnen auf dem Weg in die Freiheit nach Kanada.

Die Transzendentalisten um Emerson lehnten den Mexiko-Krieg entschieden ab. Der schöne Dialog beim nächtlichen Besuch Emersons in der Zelle Thoreaus (vielleicht hat er aber auch später stattgefunden, das ist unerheblich) soll hier nicht fehlen. Emerson: »Henry, warum bist du hier?« Thoreau: »Warum bist du *nicht* hier, Waldo?«

Zwei Jahre später formulierte es Thoreau so:

»Unter einer Regierung, die irgend jemand unrechtmäßig einsperrt, ist das Gefängnis der angemessene Platz auch für einen gerechten Menschen.«

Hier im Gefängnis könnten der entflohene Sklave, der mexikanische Kriegsgefangene und der mißhandelte Indianer – die Leidtragenden der politischen Verbrechen jener Zeit – den solidarisch Mitleidenden, den zivilen Ungehorsamen, den die (Kriegs-) Steuer Verweigernden antreffen. In seinem berühmten Essay *Über die Pflicht zum Ungehorsam gegen den Staat* stilisiert Thoreau den eigentlichen Anlaß, die Nacht im Gefängnis, zu einer heftigen Globalkritik an stumpfsinnigen Menschenmassen und ihrer Mehrheitsarroganz, an gewissenlos Regierenden, die Jeffersons Staatsideal verrieten, nämlich das Recht des Individuums auf Leben, Freiheit und Glück sicherzustellen.

Dabei stellte Thoreaus Einkerkerung keine besondere Beeinträchtigung seines Wohlbefindens dar, im Gegenteil, es ging in Sam Staples' Gewahrsam recht kommod zu. Hinzu kommt, daß der Sträfling, nachdem die verschreckte Familie so schnell wie möglich die Steuerschuld beglichen hatte (wahrscheinlich noch in der Nacht durch Tante Maria), am frühen Morgen in seinen Wald entlassen wurde. Nur unter Protest verließ er den Ehrenort; es scheint, als hätte er angesichts des allzu kurzfristigen Freiheitsentzugs den Mangel an symbolischer Demonstrationsstärke gespürt. Vielleicht brannte in Thoreau, in den christlichen Tiefenschichten seiner Seele, eine Sehnsucht nach Märtyrertum und Passion, die sich nun enttäuscht fühlte. Ein wenig kleinlaut und wohl doch aufatmend verkroch er sich Minuten später in die Heidelbeerbüsche, wo nichts vom bösen Staat zu sehen war.

Thoreau im Februar 1848 in Concords Lyzeum:

»Wenn tausend Menschen dieses Jahr ihre Steuer nicht bezahlten, so wäre das keine gewaltsame und blutige Maßnahme – was es aber wäre, wenn sie bezahlten und damit den Staat in die Lage versetzten, Gewalt anzuwenden und unschuldiges Blut zu vergießen.«

In einer Zeit, in der »sechs Millionen Negersklaven täglich im Durchschnitt sechzig Millionen Peitschenhiebe auf bloßem Leibe empfangen und drei Millionen europäischer Weber unter Hunger und Kummer in dumpfen Kammern oder trostlosen Fabriksälen schwach vegetieren« (so Schopenhauer in den *Kleinen Philosophischen Schriften*), wollte sich der sensible Thoreau nicht mit Relativierungen und geduldiger Öffentlichkeitsarbeit begnügen. Wie er in seiner Waldklause aus Sehnsucht nach dem Absoluten bestrebt war, das Aufleuchten einer höheren Wirklichkeit in den einfachen, natürlichen Dingen zu erfahren, so machte er auch im politischen Zusammenhang ein »höheres Gesetz« für sich geltend; er sah sich im Besitz des absoluten Gewissens, das ihn berechtigte, Forderungen der staatlichen Gemeinschaft, also zum Beispiel Steuerzahlungen, nicht nachzukommen.

»Darf der Bürger auch nur für einen Augenblick und im geringsten Grad sein Gewissen dem Gesetzgeber überlassen? Wozu hat denn jeder Mensch ein Gewissen?«

Die Kategorie eines solchen Gewissens, das sich radikal ethischer Unbedingtheit verpflichtet, war damals und ist auch heute schwerlich als allgemeinverbindliche Sozialtugend vorauszusetzen. Es bedarf oft erst eines Thoreau, eines Gandhi, eines Martin Luther King, um durch den Aufruf zu sogenannten Ordnungswidrigkeiten, zu Gehorsamsverweigerung und Regelverletzung die schwerfällige, schweigende Mehrheit wachzurütteln, damit eklatantes Unrecht beseitigt werde. Daß führende Widerstandskämpfer gar ihr Leben einzusetzen bereit sind, beweist, wie sehr sie sich in die moralische Pflicht genommen sehen: diesen »Erleuchteten« obliegt die *Pflicht* zum Ungehorsam.

Aber auch wir einfachen, normalen, kritischen westlichen Zeitgenossen (jedes einzelne Wort könnte in Anführungszeichen stehen), ohne Charisma und Genialität, ohne die Sicherheit, aus einem moralischen, übergesetzlichen Notstand heraus zu handeln, ausgestattet mit einem subjektiven Gewissen, das sich durchaus irren kann, denke ich – wir alle sind dennoch aufgefordert, nicht auf die so seltenen Thoreaus, Gandhis, Kings zu warten, sondern bei aller Respektierung des demokratischen Mehrheitsprinzips von unserem republikanischen Bürgerrecht auf Unbotmäßigkeit, auf Abwehrmaßnahmen gegen den Übervater Staat, gegen die Industrialisierung des Lebens Gebrauch zu machen, um die täglich neuen Todesurteile gegen Abertausende von Menschen, Tieren, Pflanzen in Freisprüche zu schöpfungswürdigem, naturgemäßem Leben umzuwandeln.

Thoreaus Essay, der erst posthum *On The Duty Of Civil*

Disobedience genannt wurde, wendet sich nicht nur gegen die Unterdrückung von Gewissensentscheidungen, sondern auch gegen jene heuchlerische Halbherzigkeit, die, am Beispiel von Thoreaus Mitbürgern in Massachusetts, die Sklavenhaltung in den Südstaaten verurteilt, dem eigenen Staat aber durch Steuerleistung einen Angriffskrieg finanziert, der, neben anderen entsetzlichen Folgen, die Zahl der Sklaven erhöht. Thoreau wetterte gegen »Menschen, für die die Frage der Freiheit hinter der des Freihandels rangiert und die nach dem Essen in aller Ruhe neben den Tagespreisen die neuesten Nachrichten aus Mexiko lesen und über dieser Lektüre vielleicht noch einschlafen.«

Nur in Thoreaus persönlicher Umgebung fand diese Kampfschrift, zumal erst als Vortrag gehalten, Beachtung; im Lande blieb die Resonanz aus. Wer las auch schon die *Ästhetischen Papiere*? In dieser Zeitschrift versteckte sich Thoreaus Essay unter dem Titel *On Resistance to Civil Government* für geraume Zeit.

Erst viele Jahrzehnte später erlangten Thoreaus Gedanken über gewaltfreie Verweigerung und passiven Widerstand überregionale, ja internationale Bedeutung. 1907 veröffentlichte Mahatma Gandhi Teile aus *Civil Disobedience* in einer Zeitschrift und erklärte den Essay zur Pflichtlektüre für seine Anhänger. Im Gefängnis in Südafrika fand er in der Ungehorsamsschrift des Henry David Thoreau immer wieder moralischen Rückhalt und das ausgesprochen, was ihn bewegte:

»Eine Minderheit ist machtlos, solange sie sich der Mehrheit anpaßt; sie ist dann nicht einmal eine Minderheit; aber sie ist unwiderstehlich, wenn sie mit ihrem ganzen Gewicht ›zur Last fällt‹«.

1944 liest Martin Luther King während seines Studiums Thoreaus Essay. Nach dem Busboykott in Montgomery, dem Schlüsselerlebnis der Bürgerrechtsbewegung in Amerika (1957), erinnert er sich:

»Der Gedanke, daß man sich weigern solle, mit einem bösen Staat zusammenzuarbeiten, faszinierte mich so sehr, daß ich das Werk mehrmals las.«

Thoreau hat die Widerstandsgruppen gegen die deutsche Okkupation in Frankreich, Dänemark und den Niederlanden, auch die Arbeiterbewegung in England nachweislich beeinflußt; Tolstoi, Proust, Hesse, Buber und viele andere haben seine Schriften gepriesen.

Zeitgemäße Protestformen (wie Boykotts gegen Stromzahlungen oder gegen die Volkszählung, Sitzblockaden, »wilde« Streiks, Menschenketten, Selbstanzeigekampagnen, Besetzen von Häusern, Fabrikschornsteinen, Kraftwerkstrommasten) sind aus dieser historischen Einübung in den zivilen Ungehorsam zu erklären. Dabei wird heute gerne vergessen, daß politisch motivierte, nichtkriminelle, gewaltlose und doch gesetzwidrige Gehorsamsverweigerung gemäß Thoreaus klassischer Widerstandsschrift bereit sein muß, die strafrechtlichen Konsequenzen auf sich zu nehmen. Der Rechtsfrieden ist für ein soziales Gemeinwesen zu kostbar, als daß er ohne persönliches Risiko für den Prostestierenden verletzt werden könnte. Anarchistische, systemsprengende Ideen waren Thoreau fremd:

»Von einem niederen Standpunkt aus gesehen ist die Verfassung trotz all ihrer Fehler sehr gut, das Gesetz und die Gerichtsbarkeit achtenswert; sogar dieser Staat und diese amerikanische Regierung sind in vieler Hinsicht bewundernswert und seltene Gegebenheiten, für die man dankbar sein muß, was ja auch so viele zum Ausdruck gebracht haben.«

Aber sein »etwas höherer Blickpunkt« ließ Thoreau in der konkreten Situation keine Alternative; seine Aktion *gezielter* Steuerverweigerung – ausdrücklich betonte er, die Straßensteuer stets ordnungsgemäß entrichtet zu haben – verstand er als emotionalen Appell an Mitbürger und Hoheitsträger, falsche, gewissenlose Entscheidungen zu korrigieren.

»Wenn das Gesetz derart ist, daß es von dir verlangt, zum Agenten des Unrechts an einem anderen zu werden, dann, sage ich, brich das Gesetz.«

So sprach und schrieb der Bürger eines souveränen, freiheitlichen Rechtsstaats und nicht (wie Gandhi) der Repräsentant eines unterdrückten Volkes. Bis heute ist die öffentliche

Diskussion darüber im Gange, wieviel Toleranz der demokratische Staat angesichts von Sachbeschädigungen, Hausfriedensbrüchen und Nötigungstatbeständen auch bei sogenannten gewaltfreien Demonstrationen aufzubringen bereit ist. Schließt nicht das parlamentarische System mit seiner legalen Opposition, seiner Pressefreiheit, seinem staatlichen Gewaltmonopol illegale Akte des Ungehorsams aus? Gilt Thoreaus individuelle Unfehlbarkeitsinstanz, das Gewissen – immerhin in Artikel 4, Absatz 1 des Grundgesetzes verankert –, auch für kollektive Manifestationen der Empörung? Deutet nicht aber ziviler Ungehorsam unmittelbar auf Krisen und Probleme einer Gesellschaft hin und verdient daher nicht nur moralische Anerkennung, sondern unter Umständen sogar juristischen Freispruch? Der Jurist Ralf Dreier hat folgende Rechtfertigungsformel angeboten:

»Jeder hat das Recht, allein oder gemeinsam mit anderen öffentlich, gewaltlos und aus politisch-moralischen Gründen den Tatbestand einer Verbotsnorm zu erfüllen, wenn er dadurch gegen schwerwiegendes Unrecht protestiert und sein Protest verhältnismäßig ist.«

Ob sich ein Thoreau heute an die engen Grenzen dieser liberalen Rechtsauffassung hielte, die zivilen Ungehorsam immerhin in Ausnahmefällen grundrechtlich zuläßt, muß mit Blick auf den militärischen Irrsinn unserer Zeit, auf Umweltkatastrophen, auf die nicht beherrschbare Atomkraft, auf Greuelperspektiven der Gentechnologie bezweifelt werden. Ein Thoreau heute, in unserer bundesdeutschen Sprache ausgedrückt, verstünde sich als Totalverweigerer. Jeglicher sogenannter Zivildienst, so spekuliere ich einmal in undankbarer Ausnutzung meiner Autorenfreiheit, gälte ihm bereits als Schützenhilfe für diesen Staat, der, »von einem etwas höheren Blickpunkt aus«, nicht der seine wäre.

Bliebe Thoreau friedlich? Ergriffe ihn nicht die revolutionäre Ungeduld in einer Welt, die sich anschickt, den letzten Wassertropfen zu verpesten, den letzten Baum zu fällen, den letzten Singvogel auszurotten, den letzten freien Menschen unter »Datenschutz« zu stellen?

Thoreau sollte in seinem eigenen Leben einer Einsicht folgen, die Gandhi später so ausdrückte:

»Gewaltlosigkeit ist besser als Gewalt; Gewalt ist besser als Feigheit.«

Freundschaftsdienste

Thoreau verließ den Waldensee aus vielerlei Gründen:

weil er »noch mehrere Leben zu leben hatte«;

weil er in unauslöschlichem Gedenken an seinen Bruder die literarische Trauerarbeit, das Manuskript *Eine Woche auf den Flüssen Concord und Merrimack*, abgeschlossen hatte;

weil er jeden irdischen Wohnort als Provisorium ansah;

weil der Dreißigjährige sich nicht in routinierten Wiederholungen verlieren wollte – wie er ja auch seine Walden-Aufzeichnungen künstlerisch in *ein* Jahr zusammenfaßte;

weil seine individualistische Alternativexistenz bereits klischeehaft zur Nischenidylle abzusinken drohte – so hatte Emerson, der als großzügiger Mäzen auch dem mittellosen Alcott oft unter die Arme griff, diesem den Auftrag erteilt, am Thoreau gegenüberliegenden Waldenufer ein Sommerhäuschen zu errichten; aber Alcotts allzu kühner Bauplan ließ in absehbarer Zeit keine Fertigstellung erwarten, so daß sich die transzendentalen Bauherren schließlich einen Jux daraus machten;

weil Emerson für ein Jahr ins Ausland ging und Henry zum zweiten Mal die Rolle als stellvertretender Hausherr übernehmen sollte;

weil Thoreau mittels Redaktionen, Verlagen und Lyzeen wieder mehr an der kulturellen Öffentlichkeit teilhaben wollte;

weil die Nacht im Gefängnis sein Pflichtgefühl gegenüber Staat und Gesellschaft geweckt hatte;

weil er als Pilger auf der Alten Marlborough Straße (»die nicht nach Marlborough führt, es sei denn, das ist Marlborough, wohin sie mich führt«) beständig unterwegs war auf der Suche nach Wahrheit, Schönheit, Freundschaft oder, wie es im Eingangskapitel von *Walden* heißt, »nach einem Jagdhund, einem braunen Pferd und einer Turteltaube«, die er einst verloren habe.

Welche Gründe für Thoreaus Rückzug aus seinem paradiesischen Reservat auch anzugeben wären, sie sind alle richtig und falsch zugleich. Thoreau wußte selbst nicht so recht, warum er nach Concord zurückkehrte.

Bei aller Bescheidenheit – das Hüttenleben selbst hatte ihn nur siebenundzwanzig Cent am Tag gekostet – war an ein rein autarkes Leben nicht zu denken, so daß er am 30. September 1847 die Einladung zum zehnjährigen Harvardabschluß-Jubiläum ausschlug mit dem ironischen Hinweis auf seine vielfältigen Jobs:

»Ich bin ein Schulmeister, ein Hauslehrer, ein Landvermesser, ein Gärtner, ein Landwirt, ein Maler, ich meine ein Anstreicher, ein Zimmermann, ein Maurer, ein Tagelöhner, ein Bleistiftproduzent, ein Glaspapierhersteller, ein Schreibender, ein Dichterling.«

Das Zusammenleben mit Lydian Emerson und ihren Kindern Ellen, Edith und Edward war ihm kein lästiger Freundschaftsdienst; er schätzte im Gegenteil das stille Glück der Häuslichkeit, solange er es freiwillig und befristet mitgestaltete. Aus Kürbisstielen bastelte er den Kindern Panflöten, er erzählte ihnen von großen Ameisenschlachten und ruderte sie über den Waldensee, lehrte sie, dem Echo zu lauschen. Seine eigene Hütte war bald nicht mehr zu besichtigen. Nachdem ein Verkauf an Emersons irischen Gärtner gescheitert war, der sich mit seiner Frau verkracht hatte, wurde die Behausung abgerissen; ihre einzelnen Teile wurden nacheinander für einen Kornlagerraum, dann für eine Scheune und schließlich für einen Schweinestall verwendet.

Der Landwirt Harrison Blake, der im nahen Worcester lebte, verehrte Thoreau. Zwischen ihnen entwickelte sich eine aufrichtige Freundschaft und eine langjährige, intensive Korrespondenz, obwohl Thoreau keine Kultfigur werden wollte und in seinen Briefen immer wieder die Erhabenheit des mystischen Naturphilosophen, der in Bewunderung und Ehrfurcht mit dem gestirnten Himmel über sich und dem moralischen Gesetz in sich beschäftigt war, mit dem lächerlichen Henry und seiner irdischen Beschränktheit grob kontrastierte.

»Du fragst mich, ob nicht in meiner Philosophie eine Lehre

des Leidens steckt. Von heftigem Kummer kenne ich vermutlich relativ wenig. Selbst mein schmerzlichster und aufrichtigster Kummer pflegt nur ein vorübergehendes Bedauern zu sein. Der Ort des Leidens ist vielleicht von einer harten und verhältnismäßig trockenen Gleichgültigkeit ausgefüllt. Ich bin mit dem Rasen verwandt; seine träge Geduld, wenn er im Winter die Frühlingssonne erwartet, gleicht der meinen doch sehr. In meinen bequemsten Momenten denke ich oft, daß es nicht meine Sache ist, ›den Geist zu suchen‹, sondern ebensosehr die seine, mich zu suchen. Ich weiß sehr wohl, was Goethe meinte, als er sagte, daß er niemals einen Kummer hatte, aus dem er nicht ein Gedicht machte. Ich habe allzuviel Geduld dieser Art. Zu leicht bin ich mit einer geringen und fast tierischen Glückseligkeit zufrieden. Mein Glück gleicht zum großen Teil dem der Murmeltiere.«

Leid, das ihn seelisch verkümmern ließ, kannte Thoreau nicht mehr, was aber nicht verhinderte, daß er anderen Kummer bereitete – Liebeskummer: Die fünfzehn Jahre ältere Hauslehrerin Sophia Ford hielt Henry für ihren Seelenzwilling und machte ihm einen Heiratsantrag. So behutsam, wie es dem Rauhbein möglich war, schickte er ihr sein schriftliches Nein. Mit einem derartigen »Feind auf meiner Lebensbahn« (schrieb Thoreau am 14. November 1847 nach London an Emerson) hatte er nicht mehr gerechnet. Miß Ford war verzweifelt, wollte gar aus dem Leben scheiden – und sollte doch doppelt so alt werden wie ihr Henry.

Für seine *Woche auf den Flüssen* fand Thoreau nach vielen, ihn herb enttäuschenden Versuchen endlich einen Verleger; allerdings mußte er die Druckkosten selbst übernehmen. Sein Erstling war ein klassischer Reinfall. Von 1000 Exemplaren konnten nur 219 verkauft werden, 75 wurden verschenkt, 756 an ihn zurückgeschickt – plus Rechnung. Er trug's mit Fassung und Sarkasmus, war doch damit seine eigene Bibliothek auf über neunhundert Bücher angewachsen! Die Walden-Buchpläne bekamen aber einen starken Dämpfer.

Alle Bücher Thoreaus sind in gewisser Weise Reiseberichte. Aber Thoreau schweift nicht in die Ferne. »Nur das Reisen ist gut, das mir den Wert der Heimat offenbart und mich in die Lage versetzt, sie mehr zu genießen.« Und eigentlich ist sein Reiseziel noch näher anzugeben: Er beschreibt Wanderungen, die ihn zu sich selbst bringen sollen, Reisen ins Innere, in die Oasen und Abgründe seiner Seelenlandschaft.

Unter dieser symbolischen Fracht, vollgestopft mit Zeugnissen philosophischer Belesenheit, mußte das John-Gedächtnis-Boot untergehen. Dagegen gelang es dem Henry wohlgesinnten Horace Greeley in New York, den Essay *Ktaadn* mehrfach zu publizieren und dem Verfasser jeweils fünfundzwanzig Dollar zukommen zu lassen. Allein auf dem Gipfel des heiligen Berges Katahdin, den kein Indianer zu besteigen wagte, hatte Thoreau für Augenblicke die schaurige Unendlichkeit und die Verlorenheit des Menschen gespürt – hier oben verweigerte die Natur jeden Trost.

Am 14. Juni 1849 starb seine Schwester Helen, ebenfalls an Schwindsucht; sie war erst sechsunddreißig Jahre alt. Der Tod raubte ihm wenig später eine weitere Vertraute: Margaret Fuller kam bei ihrer Rückkehr aus Europa bei einer Schiffskatastrophe ums Leben.

Thoreau sollte versuchen, ihren Leichnam zu finden oder auch unveröffentlichte Manuskripte (zum Beispiel über die italienische Revolution von 1848, welche die Fuller – verheiratete Ossoli – als Auslandskorrespondentin für Greeleys *New York Tribune* angefertigt hatte). Henry fand lediglich die Leiche eines anderen Bekannten.

Gewiß machten ihn diese traurigen Ereignisse betroffen, aber sie riefen keine langwierige Verdüsterung seiner Sinne hervor – seine Lebenserfahrung über Schuld und Geschick, über die »Stirb und Werde«-Gesetzmäßigkeit des Daseins bewahrte ihn vor wehleidigen Klagen über die Vergänglichkeit.

Horace Greeley wies in seinem angesehenen Wochenblatt immer häufiger auf Thoreau hin, er war davon überzeugt, daß von diesem Dichter »die Wahrheit so natürlich ausströmte wie der Duft der Bisamratte vom Rock des Fallenstellers.« Thoreau, der nach Emersons Rückkehr wieder in seinem

Elternhaus lebte, schrieb seine täglichen Natureindrücke in den »Gezeitenkalender der Seele«, wie er sein Tagebuch nannte, und hatte nichts dagegen, daß ihm die Presse oder ein Bildungsinstitut gelegentlich die eine oder andere dichterische Wahrheit abkaufte.

Sein Journal führte er auf der Rückseite der Geschäftspapiere von »John Thoreau & Sons«. So fleißig Henry auch schrieb – die Forschung hat zweieinhalb Millionen Wörter registriert –, sowenig interessierte ihn eine literarische oder naturwissenschaftliche Karriere. Nur zwei eigenständige Bücher aus seiner Feder erschienen zu seinen Lebzeiten. Emerson beklagte diesen mangelnden Ehrgeiz. »Anstatt Amerikas führender Kopf zu werden«, schreibt er einmal, »gefällt er sich darin, Anführer einer Gruppe von Heidelbeersammlern zu sein.« Neben einfachen Arbeiten, für die sich Thoreau nicht zu schade war, wie Kaminbauen, Tünchen, Tapezieren, Mistwegkarren, war er mehr und mehr als Landvermesser tätig: Hier konnte er das Angenehme mit dem Nützlichen verbinden. Den Farmern und Fischern galt er nicht länger als Intellektueller, sondern als Geometer und Naturforscher, der von ihrem eigenen Grund und Boden mehr Ahnung hatte als sie selbst.

Ausgerüstet mit einem Strohhut, der ihm als Botanikbehälter diente, derben Schuhen und Hosen, die ihm erlaubten, auf Bäume zu klettern und struppigen Buscheichen zu trotzen, unterm Arm ein altes Musikbuch zum Pflanzenpressen, in der Hand einen ›starken Stock mit Meßeinkerbungen, in der Tasche Notizbuch, Bleistift, Messer, Zwirn, nahm er von seinem Land Besitz, kannte es wie Fuchs und Rebhuhn, wie Häher und Biene. Unter buschigen Brauen entging seinen tiefliegenden Augen kein Fisch, kein Vogel, kein Reptil; seine Adlernase nahm jeden Geruch wahr, »er hörte wie mit einem Hörrohr, und sein Gedächtnis war ein photographisches Register« (Emerson).

In Harvard wurde der Schweizer Naturwissenschaftler Louis Agassiz auf ihn aufmerksam. Thoreau schickte ihm unbekannte Pflanzen, Fische, Mäuse, Schildkröten, einen lebenden

Fuchs und wurde bald korrespondierendes Mitglied der Naturgeschichtlichen Gesellschaft in Boston. Aber wie besessen er
auch die Natur studierte, ihre Phänomene sammelte und
katalogisierte – er weigerte sich, im streng wissenschaftlichen
Sinn die Schöpfung additiv-minutiös zu erfassen; Musik und
Duft aller Kreatur, ihre wilde Schönheit rissen ihn immer
wieder zu stillem Staunen hin. Ihm ging es letztlich nicht um
bloßes Klassifizieren, sondern um die Erfahrung göttlicher
Transzendenz in unberührten wehenden Wiesen, in der Einsamkeit leuchtender Wälder. Das ganzheitlich Lebendige, die
Fähigkeit, mystisch-kontemplativ Einheit, Fülle und Gesetz
alles Seienden zu schauen, waren ihm wichtiger als jede
objektive begriffliche, tote Ordnung.

»Ich sehe aus zwanzig Meilen Entfernung eine karmesinrote
Wolke am Horizont. Du sagst mir, es ist eine Dampfmasse, die
alle anderen Strahlen absorbiert und die roten reflektiert; aber
das ist zwecklos, denn diese rote Vision reizt mich, erregt mein
Blut, bringt meine Gedanken in Fluß. Ich habe neue, unbe-
schreibliche Einfälle, und du hast das Geheimnis dieses
Einflusses nicht berührt. Wenn nicht etwas Mystisches in
deiner Erklärung ist, so ist sie ganz unzureichend.«

Es darf allerdings nicht der Eindruck entstehen, als wollte
sich Henry David »entmaterialisieren«; mit seinen stämmigen
Beinen blieb er auf dem Boden des Tatsächlichen, und als
Redner wußte er, was er seinen Yankee-Zuhörern schuldig
war. So trug er mit großem Erfolg in Salem, von Nathaniel
Hawthorne eingeladen, Passagen aus dem ersten *Walden*-
Kapitel (»Economy«) vor. Als Greeley hiervon in der *Tribune*
berichtete, gab es eine stolze Reaktion in Concords Heimat-
presse. Ein erster schwacher Glanz von Berühmtheit fiel auf
»ihren« Henry. Die meisten Bürger Concords wußten freilich
seine unkonventionelle Art nicht recht zu würdigen und
mäkelten zum Beispiel an seinem Äußeren, an seiner etwas
nachlässigen Kleidung herum.

Auch ein Leserbriefschreiber (er hieß ausgerechnet Thorough...) empörte sich über Thoreau, den Nonkonformisten,
den er als komischen Kauz, als Taugenichts und Gammler

hinstellte. Niemand könne ganz für sich allein leben und sich in ein Schneckenhaus zurückziehen. In seiner redaktionellen Stellungnahme legte sich Greeley ordentlich ins Zeug; seine Ehrenerklärung für Thoreau richtet sich gegen all jene Otto Normalverbraucher, die sich kein anderes Leben als ihr eigenes, als ihr jetziges vorstellen können. Greeley räumte auf mit jener populären Frage, was passiere, wenn wir alle kleine Thoreaus würden, wenn wir alle fortliefen und an einem See die Beine ins Wasser baumeln ließen. Besonders jungen Menschen will Thoreau den Weg der Selbständigkeit weisen, sie davor bewahren, sich in Schulden zu stürzen, in die Abhängigkeit auf Gedeih und Verderb von Vorgesetzten oder in eine vergeistigte Scheinwelt, wo sie in dünnen Lyrikbänden dünne Gedichte erscheinen und dahinschwinden lassen. Indem sie lernen, ihre materiellen Bedürfnisse zu beschränken, modisch ausgedrückt: Konsumverzicht zu leisten, erreichen sie, daß ihre Seelen keinen Schaden nehmen. Sie erfahren das Glück der Selbst-Verantwortung. Dies nicht nur in schönen Worten, sondern einmal in der Praxis nachgewiesen zu haben, war Thoreaus Absicht, erklärte Greeley dem Biedermann Thorough, der wohl befürchtet hatte, an ihn ginge der Appell, sich als vegetarischer Eremit in die Wälder zurückzuziehen.

Walden or Life in the Woods erschien erst 1854; zweitausend Exemplare sollten verkauft werden, es war kein Fehlschlag wie *A Week*, aber kaum mehr als ein Achtungserfolg. Immerhin äußerten sich die Rezensenten zumeist positiv, und einen neuen freundschaftlichen Verehrer gewann Thoreau in dem Quäker Daniel Ricketson aus New Bedford.

Thoreau war freilich ein schwieriger Freund. So geduldig er die Vorgänge in der Natur beobachtete, mit Kindern, mit Bauern umging, so unduldsam war er oft zu seinen besten Freunden, die er »rücksichtslose Vandalen« nennen konnte. Seine heilig-nüchterne Moral muß und mußte in einer Welt der Unvollkommenen provozierend wirken; Thoreau verglich sich gerne mit einem Tintenfisch, der sich beim Auftauchen der anderen, der Fremden in der eigenen Dunkelheit verbarg.

Selbst sein Verhältnis zu Emerson hatte sich weiter abgekühlt; hierzu mochte Henrys Sorge beigetragen haben, unabhängig von jeglicher Protektion und gönnerhaften Geste zu leben. In für ihn typischer Paradoxie drückte er sein Freundschaftsdilemma aus: »Ich hätte ihn lieben können, hätte ich ihn weniger geliebt.«

Sein großer Essay über die Freundschaft, eingefügt in *A Week*, sagt es nicht weniger klar: »Wie oft müssen wir feststellen, daß wir unseren leibhaften Freunden den Rücken zuwenden, damit wir ihren idealen Vettern begegnen können.«

Nicht nur die Freundschaft zu Emerson war in eine schwere Krise geraten, manchmal schien Thoreaus Verhältnis zu den Mitmenschen insgesamt gestört. In einer Tagebucheintragung vom 3. Januar 1853 ist zu lesen: »Zum Teil liebe ich die Natur, *weil* sie nicht Mensch ist, sondern eine Zuflucht vor ihm.« Und wenig später heißt es: »Gestern berührte mich die Verrottung menschlicher Beziehungen. Sie verströmten den Geruch von Tod und Verfall, der die Nase beleidigt.« Dagegen suchte er den gesunden Duft der Buscheiche, des Farnkrauts und der Seerose.

Ein maßlos idealistischer Mensch wie Thoreau gehörte natürlich keinem Verein an; Mitgliedsbeiträge, Satzungen, Jahreshauptversammlungen schreckten ihn ab, allenfalls war er »assoziiert«, so, wie erwähnt, bei der Naturgeschichtlichen Gesellschaft, so auch bei den Abolitionisten, den Gegnern der Sklavenhaltung. Und aus Harvards Universitätsbibliothek besorgte er sich Bücher, ohne sich den Entleihbedingungen zu unterwerfen. Zunächst mit dem Hinweis abgewiesen, er wohne außerhalb der Zehn-Meilen-Grenze, beschwerte er sich direkt bei Harvards Magnifizenz: Die Eisenbahn habe den Entfernungsvorbehalt ja wohl aufgehoben; im übrigen seien ein College, ein Rektor, eine Bibliothek, die solche Regeln aufstellten, untauglich, ein Benutzer, ein Leser wie er sei der wahre Hüter von Büchern.

Thoreau schrieb aber mittlerweile mehr, als er las. Und wenn er las, hielt es ihn nicht lange unter der Leselampe:

»Ein wahrhaft gutes Buch lehrt mich etwas Besseres, als daß ich es lese. Es gleitet mitten im Lesen aus meinen Fingern. So entsteht eine Stimmung, in der ich es nicht weiterlesen kann, sondern seine Lehren befolgen muß. Es bereichert mich derart, daß ich es ohne Bedauern weglege. Was ich mit Lesen beginne, muß ich mit der Tat vollenden.«

Und wenn er selbst als Schreibtischtäter am Tagebuch-Werk war – wem galten seine Zeilen? »Außerordentliche Naturen«, heißt es einmal bei Ludwig Hohl, »können im allgemeinen in der Nähe keinen Freund haben (die Begrenzung eines menschlichen Lebenskreises macht es jedenfalls unwahrscheinlich: nur Ähnliches verbindet sich); ihre Werke sind Briefe an den fernen Freund.«

Thoreau 1854
Pastellzeichnung von Samuel Worcester Rowse

Concord um 1841
Thoreau lebte von 1823–26 in dem Ziegelhaus

John Thoreau, Henrys Vater

Sophia Thoreau, Henrys Schwester

John Thoreau jr., Henrys Bruder

Ellen Sewall um 1840

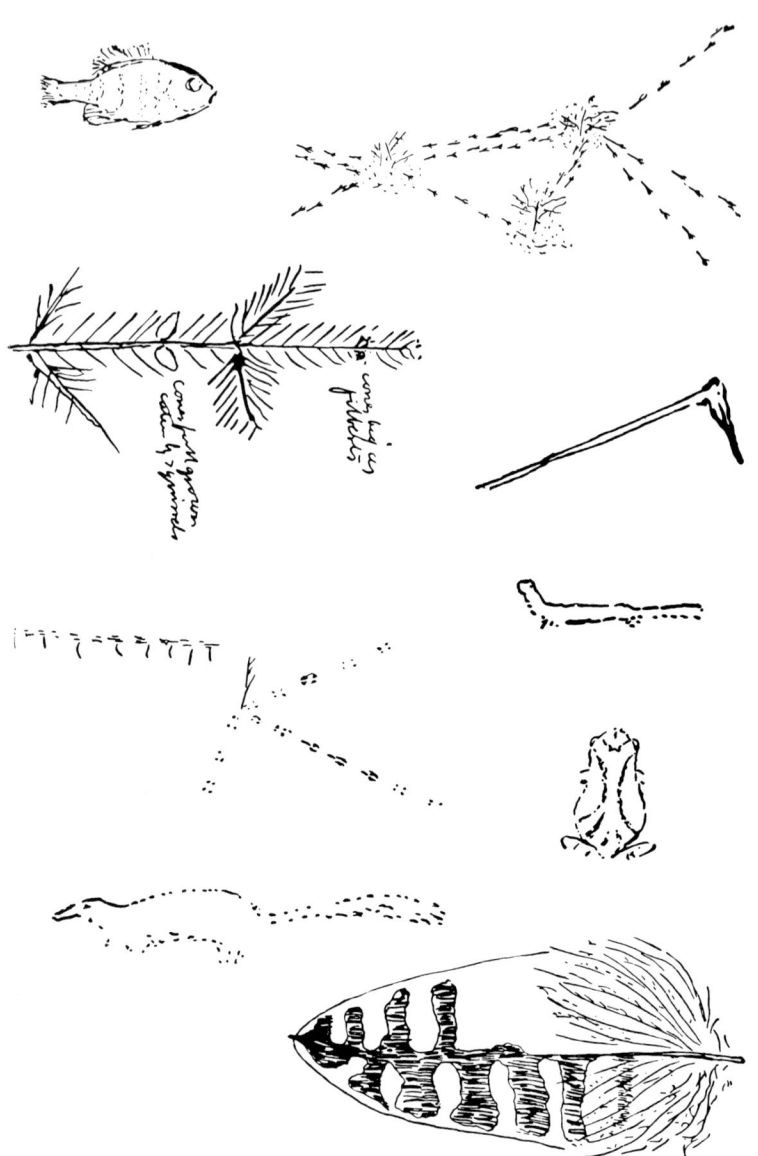

Naturskizzen aus Thoreaus *Journal*

WALDEN;

OR,

LIFE IN THE WOODS.

By HENRY D. THOREAU,

AUTHOR OF "A WEEK ON THE CONCORD AND MERRIMACK RIVERS."

I do not propose to write an ode to dejection, but to brag as lustily as chanticleer in the morning, standing on his roost, if only to wake my neighbors up. — Page 92.

BOSTON:

TICKNOR AND FIELDS.

M DCCC LIV.

Titelbild der Erstausgabe von *Walden*
Zeichnung von Sophia Thoreau

Walt Whitman
unsignierte Zeichnung aus der Erstausgabe von *Leaves of Grass*

Ralph Waldo Emerson

Thoreau 1856
Daguerreotypie von B. W. Maxham

Sklaverei in Massachusetts

Zwischen 1850 und 1860 kamen zweieinhalb Millionen europäische Einwanderer ins Land, die meisten stammten aus Irland und aus Deutschland. Die Iren blieben oft an der Ostküste hängen und verdingten sich als Industriearbeiter oder beim Eisenbahnbau. Die Deutschen zog es auf Pionierpfaden in die Wälder und, jenseits der feindlichen Berge, der Alleghenies, in die schier unendlichen Weiten der Prärie.

Diese Einwandererzahlen drücken den wirtschaftlichen Boom aus, der in den späten vierziger Jahren in den »Staaten« eingesetzt hatte: Die Maschinen, die Eisenbahn, die Handelsschiffahrt trugen dazu bei, daß materieller Wohlstand, Komfort, ja Luxus im Norden, besonders in Neuengland, in die Yankee-Häuser einkehrte; die Farmer profitierten von höheren Weizenpreisen. Mit den Produktionsmitteln wuchsen auch die Wünsche. Privatbesitz, über Macht und Einfluß zu verfügen, dem Prinzip »make money« zu huldigen, all das vertrug sich prächtig mit der puritanisch-calvinistischen Tradition: Reichtum war der beste äußere Beweis, daß der Segen Gottes auf dem Menschen ruhte.

Auch die Firma Thoreau machte Gewinne. Ihr Spezialgraphit diente einem Bostoner Hersteller bei neuartigen galvanoplastischen Drucktechniken als ideales hitzebeständiges Schmiermittel. Im Sommer 1850 zogen Cynthia und John, Sophia und Henry in das für 1450 Dollar erworbene »Gelbe Haus« in der Main Street. Hier hatte Henry ein geräumiges Zimmer, das er als naturkundliches Privatmuseum ausgestaltete, hier hörte er der Schwester Klavierspiel zu oder begleitete sie auf der Flöte, hier kraulte er das geliebte Hauskätzchen: Thoreau genoß durchaus die bürgerliche Rückendeckung, die ihm seine Familie gewährte.

Wie der große Däne Sören Kierkegaard (dessen Lebensdaten beinahe mit denen Thoreaus übereinstimmen) Kopenhagen, wie Kant Königsberg, hat »Concords glücklicher Rebell« seine Heimatstadt nie wirklich verlassen, von gelegentlichen Abstechern ans Cape Cod zum Beispiel abgesehen oder einer etwas weiteren Reise nach Montreal und Quebec als *A Yankee in Canada*, die er 1850 mit Channing unternahm. Sein eigentliches Heim aber suchte er in der Natur; in ihr, so seine Überzeugung, könne sich der Geschäftsmann keinen Wohnsitz erwerben.

»Der reiche Mann kauft sich wollene Stoffe und Pelze und sitzt dennoch im Geist nackt und vor Kälte zitternd da, während der arme Herr der Schöpfung Kälte und Feuchtigkeit dazu bringen kann, ihn zu wärmen und zu bekleiden.«

So schnell wie möglich so reich wie möglich zu werden: Gegen diesen Zeitgeist schrieb der Unzeitgemäße, der sich eigentlich als unpolitischer Mensch verstand, seine heftigsten Attacken, seine desillusionierenden, ironischen Sentenzen. Thoreau – ein Rebell wider den Materialismus: »Ein Mensch ist reich im Verhältnis zur Zahl der Dinge, auf die es ihm zu verzichten gelingt.«

Mit *Walden*, dessen immer wieder hinausgezögerten Erscheinungstermin er zur stilistischen Vervollkommnung nutzte, wollte er seine Landsleute alarmieren, einen Weckruf, einen Hahnenschrei, so sein eigener Ausdruck, hinausschicken und zur radikalen Kehrtwendung auffordern.

In seinem Essay *Leben ohne Prinzipien* schrieb er 1854 von der Armut der Reichen, von ihrem moralischen Bankrott und der Selbstausbeutung der meisten Menschen; gleichzeitig mit deutschen Gesellschaftskritikern beklagte er, daß die Menschen ihre Arbeitskraft zu einer Ware haben verkommen lassen. Die Analytiker jenseits des großen Teichs, Marx und Engels, hatten auch gleich die Schuldigen parat. Thoreau, dessen Lebensweisheit am kleinen Teich, am Waldensee, gereift war, rief jedem einzelnen ins Gesicht: Selber schuld!

»Wenn ich der Gesellschaft meine Vormittage *und* meine Nachmittage verkaufte, wie es offenbar die meisten tun, würde für mich gewiß nichts mehr übrigbleiben, für das es sich zu leben lohnt.«

1849 hatte ein Arbeiter des Schweizer Siedlers Sutter am Sacramento Gold entdeckt. Wie ein Lauffeuer verbreitete sich die Nachricht von dem sensationellen Fund über den Kontinent, ja durch die ganze Welt. Von überall her strömten die Glücksritter nach Kalifornien, ein Rausch, ein Fieber erfaßte Tausende von Abenteurern, die ihren Einsatz in dieser Schicksalslotterie wagten. Zwei Jahre später gab es auch in Australien erste Goldfunde.

Thoreau, wie gehabt, nahm kein Blatt vor den Mund; er verteilte eine rhetorische Ohrfeige nach der anderen: der Goldgräber sei der Feind des ehrlichen Arbeiters; und er bedauerte die Männer, die sich in ihrer Gier in Dämonen verwandelt hätten. Das wahre Gold liege im Heimatboden, in einem selbst.

Thoreau lehnte den Drang nach Westen keineswegs ab, darin war er ganz ein Kind seiner Zeit. So verkündete er in einer Vorlesung im April 1851 *(Vom Wandern)*:

»Ostwärts gehen wir, um die Geschichte kennenzulernen, um die Werke der Kunst und Literatur zu studieren, indem wir unser Herkommen zurückverfolgen; wir gehen westwärts den Weg in die Zukunft, voller Unternehmungsgeist und Abenteuerlust. Für mich heißt dies, nicht gen Europa zu wandern, sondern gen Oregon. Der Drang von Ost nach West hat die ganze Nation ergriffen, als sei dies der Fortschritt der Menschheit.«

Für sich selbst aber deutete er diesen Drang metaphysisch, nicht geographisch: als Aufruf, den Weg nach innen zu gehen, zu sich selbst zu kommen, sich nicht zu zerstreuen. In diesem Sinne war Thoreau ein Ego-Zentriker, der sich im Kreise bewegte (durchaus real in einem Radius weniger Meilen), der in sich selbst ruhte, ein echter Einheimischer, der einzige übrigens aus der Transzendentalistengruppe, Emerson & Co. waren alle Zugezogene.

Daß es zu Verstimmungen im Verhältnis zu seinem transzendentalen Mentor kam, ist auch aus Thoreaus Erdhaftigkeit heraus zu erklären: Emerson »spannte seinen Wagen an die Sterne«. Die kosmischen Dimensionen seiner durchgeistigten Weltfrömmigkeit ließen den körperlichen Arbeiter und Handwerker Thoreau die Unmittelbarkeit des konkreten Lebens vermissen, wie er es etwa bei dem einfachen Farmer Minott antraf, dem »poesievollsten Bauern«, den er kannte, der ohne Hektik und Mühsal liebevoll sein Land bestellte.

Gleichzeitig mit Adalbert Stifter (1851), der in der Vorrede zu den *Bunten Steinen* die Großartigkeit der Kraft beschreibt, »welche die Milch im Töpfchen der armen Frau emporschwellen und übergehen macht«, und der die Erscheinung des feuerspeienden Berges für kleiner hält, erklärt Throeau:

»Ich spare das Ungewöhnliche aus – die Wirbelstürme und Erdbeben – und beschreibe das Alltägliche ... Überlaß mir das verborgene Leben, die Hütte der Armen und Bescheidenen, die Werktage der Welt, die dürren Felder, von allem das Kleinste – nur nicht in der poetischen Empfindung!«

Daß der freie Geist in Concords kleiner Gelehrtenrepublik wehte, hatte in Thoreaus Augen nicht nur Vorteile, denn in jenen Jahren waren viele professionelle Menschheitsbeglücker unterwegs in Sachen Sklaverei, Moral und Seelenheil.

Am 17. Juni 1853 kamen drei Radikalreformer ins Haus, schleimige Weltverbesserer, die ihn unentwegt küssen wollten und mit einem schwülen Mitgefühl umschlingen. Einer von ihnen »war so verzeihend gesonnen, als müsse er einem fortwährend vergeben, daß man da ist.« Satirisch-zornig schildert Thoreau seinen Ekel vor diesen »fettigen« Duzfreunden und ihrem penetranten Moralin-Parfüm. Er verabscheute ihre süßlich-klebrige, klettenhafte Anhänglichkeit; grobe Klötze wären im lieber gewesen. Ohrfeigen erschienen ihm stets ehrlicher als Küsse.

Sein globales YES zum Leben bestand aus vielen kleinen trotzigen No's; Emerson befand: »Es war etwas Kriegerisches in seiner Natur, das nicht zu bezwingen war, immer männlich und tüchtig, aber selten sanft, als fühlte er sich selbst nicht, wenn er nicht opponierte... Es kostete ihn nichts, nein zu sagen; er fand es in der Tat viel leichter, als ja zu sagen.« Sein Nein schleuderte Thoreau den Mitmenschen, ohne zu zögern, entgegen, sobald er blindwütigen Taumel, besinnungslosen Trott und Herdentrieb oder naturferne, glattpolierte Schöngeistigkeit wahrnahm.

Das Nein gegen die Sklaverei war in den fortschrittlichen

Nordstaaten freilich weit verbreitet. Seit 1850 gab es aber ein verschärftes Gesetz, das auch die sklavenfreien Staaten zwang, auf ihrem Gebiet gefaßte flüchtige Sklaven an die Eigentümer zurückzuliefern. Die Politiker des Nordens wolltcn mit diesem Zugeständnis an die Pflanzeraristokraten um jeden, auch um einen humanitären Preis den Zusammenhalt der Union retten.

Der wirtschaftliche Aufschwung und der Goldrausch beschleunigten den Ausbau der Eisenbahnlinie vom Atlantik bis zum Pazifik. Noch 1850 galten zwei Drittel des Staatsgebiets der Union als menschenleer, die Indianerstämme waren aus den Gebieten östlich des Mississippi in den Westen vertrieben worden, und mit bekanntem dröhnenden Pathos hatten ihnen die Politiker den Verbleib in Kansas und Nebraska zugesichert.

Forciert von persönlichen Motiven des Senators Stephen Douglas aus Illinois, der die Bahnlinie durch seinen Staat lenken wollte, kam es 1854 zu einem Gesetz, das die Duldung der Sklaverei den einzelnen Staaten überließ. Von Douglas, dem späteren Konkurrenten Abraham Lincolns, ist die zynische Bemerkung überliefert, in allen Fragen zwischen Weißen und Schwarzen sei er für die Weißen, in allen Fragen zwischen Schwarzen und Krokodilen für die Schwarzen. Praktisch trug das neue Gesetz dazu bei, die Indianer auch aus den Westgebieten zu vertreiben. Im Kampf um die politische Macht zwischen Nord und Süd setzte ein Besiedlungswettlauf nach Nebraska und Kansas ein. Der Missouri-Kompromiß von 1820 war gebrochen; auch nördlich des 36. Breitengrades wurdc jetzt dic Sklavenhaltung möglich, vorausgesetzt, dem Süden gelang es, genügend »eigene« Leute dort anzusiedeln.

Nur einen Tag nach der Verabschiedung des Kansas-Nebraska-Gesetzes ereignete sich in Boston ein schwerer Zwischenfall. Ein entflohener Sklave, Anthony Burns, war in Boston von seinem Herrn wiedererkannt worden und wurde unter gewaltigem militärischen Schutz auf ein Schiff verschleppt. Eine aufgebrachte Menschenmenge wurde Zeuge dieser »Zwangseintreibung«, konnte aber angesichts des großen Aufgebots der Staatsmiliz den Rücktransport des Sklaven nach Virginia nicht verhindern. Allerdings wurde Burns später von Bostoner Bürgern freigekauft.

Spätestens von diesem Tage an begann Thoreau, sich konkret in die Politik einzumischen, obwohl er doch in *Leben ohne Prinzipien* vehement verkündet hatte, er würde nicht mal »um die Ecke rennen, um zu gucken, wie die Welt in die Luft flöge.« Ein verbesserlicher Einzelgänger und kein Prinzipienreiter! Sein Engagement hatte sich bereits drei Jahre zuvor bei einem ähnlichen Fall angedeutet. Der siebzehnjährige Schwarze Thomas Sims war damals an Georgia ausgeliefert worden, wo er beinahe zu Tode gepeitscht wurde. Der Fall dieser Abschiebung (um einen heutigen Begriff im Zusammenhang mit der Asylantenpraxis zu gebrauchen) hatte Thoreau ungemein erregt und ihn veranlaßt, in Wort und Tat die Sache der Abolitionisten zu unterstützen und sich am Ausbau ihres Fluchthilfe-Netzwerks zu beteiligen. Am 1. Oktober 1851, lesen wir in seinem Tagebuch, verhalf er dem Mulatten Henry Williams persönlich zur Flucht. Sechshundert Dollar »Lösegeld« sollte dieser an seinen Herrn und Besitzer zahlen, der gleichzeitig – sein Vater war!

Nach den Ereignissen um Burns hielt Thoreau am 4. Juli (!) 1854 in der Nähe von Boston, in Framingham, eine scharfe Anklagerede, die unter dem Titel *Sklaverei in Massachusetts* angekündigt war. Auf dieser Protestversammlung verbrannte der Abolitionistenführer William Lloyd Garrison öffentlich ein Exemplar der amerikanischen Verfassung, mit der sich die Sklavenhaltung ja legitimieren ließ. Aber in Neuengland gab es doch gar keine Sklaverei! Oder doch?

Typisch für Thoreau: Es ging ihm zum einen klar und unmißverständlich darum, seine Mitbürger im Widerstand gegen die Beteiligung der eigenen Regierung an der Sklavenauslieferung zu stärken; zum anderen geißelte er gleichermaßen die sklavischen Arbeitsbedingungen der weißen Fabrikarbeiter im Norden; vor allem aber stellte er schonungslos jeden einzelnen Menschen an den Pranger, der seine persönliche Autonomie verraten hatte und sich von niederen Trieben, unredlichen Ambitionen beherrschen ließ; der »selbstverschuldeten Unmündigkeit« (Kant) galt seine schärfste Kritik.

»Es ist hart, einen Aufseher aus dem Süden zu haben; es ist schlimmer, einen nordstaatlichen zu haben; am schlimmsten von allem ist es jedoch, wenn du dein eigener Sklaventreiber bist.« Und in sein Tagebuch schreibt er: »Geschwätz von Sklaverei! Sie ist keineswegs die besondere Einrichtung des Südens. Sie existiert vielmehr überall dort, wo Menschen gekauft und verkauft werden, wo immer ein Mensch es zuläßt, daß er wie ein bloßes Ding oder Instrument behandelt wird, und seine unveräußerlichen Rechte der Vernunft und des Gewissens aufgibt. Diese Art von Sklaverei ist in der Tat umfassender als diejenige, die allein den Körper versklavt.«

Nicht länger empfahl er bloße Verweigerungssignale des einzelnen, sondern rief zum aktiven Widerstand der vielen auf: zum Zeitungsboykott, zur Niederlegung von Staatsämtern, zum Austritt Massachusetts aus der Union. Als höchste moralische Instanz nannte er »Gesetze der Menschlichkeit« und »Gottesgebote« – mißtraute er jetzt den Gewissensentscheidungen so vieler einzelner? Der Landmann aus Boxboro war ihm in humanitären Fragen jedenfalls verläßlicher als der Bostoner Geschäftsmann.

Lag Thoreau ausschließlich die Menschenwürde am Herzen, so ging es dem Norden insgesamt nicht nur um hehre ethische Ziele: Moral und wirtschaftliche Interessen deckten sich! Den Süden einseitig zu verdammen hieße deswegen, der komplizierten historischen Wirklichkeit nicht gerecht zu werden. Den Industriearbeitern im Norden ging es materiell nicht besser als vielen Plantagensklaven.

Der Roman *Onkel Toms Hütte*, erschienen 1852, der rührselig-wirkungsvoll jämmerliches Sklavenleben darstellte, heizte die Stimmung weiter an; das Buch der Pfarrerstochter Harriet Beecher-Stowe wurde in kürzester Zeit weltweit ein Bestseller und übte auf die zeitgenössischen Leser einen größeren Einfluß aus als Thoreaus rhetorisch ausgefeilte Essays.

Dem Staat hatte Thoreau bereits in *Civil Disobedience* den Krieg erklärt und höhnisch angemerkt, es gebe auf dieser Welt nicht viele Augenblicke, in denen er unter einer Regierung lebe. Damals, also sechs Jahre zuvor, hatte er »törichterweise« (so Thoreau selbst) gedacht, er könne seine privaten Wege gehen und die Regierung vergessen. Jetzt sah er die Notwendigkeit ein, sich nicht nur wenige Minuten, sondern stundenlang mit Staatsaffären zu beschäftigen.

Und dennoch blieb die Politik für ihn eine niedere, »subhumane« Angelegenheit, die der zu Höherem Berufene, der Heilige, der Philosoph nur verabscheuen könne, besonders wenn die Regierenden beständig an der Tür des Privatmanns betteln kämen. Thoreau wollte sich weder von einer anonymen Staatsmaschinerie niederwalzen noch vom Sog hysterischer Menschenmassen mitreißen lassen.

»Wo immer ein Mensch sich von der Menge freimacht und seinen eigenen Weg geht, dort ist wirklich eine Weggabelung…« Der eigene Weg, der einsame Pfad querfeldein: das blieb seine Erlösungs- und Heilsbotschaft. Der Solidaritätsgedanke, das »Gemeinsam-sind-wir-stark!« war ihm fremd – dieses Denken hätte ja die resignierende Einsicht in die *Schwäche* des einzelnen vorausgesetzt, und das war genau das Gegenteil von Thoreaus Überzeugung.

Sein Souverän, seine Großmacht drückte sich in dem Großbuchstaben, in der Majuskel »I« aus: Die Majestät ICH sollte das Sagen haben. So warnte er den Leser gleich zu Beginn von *Walden*: »In den meisten Büchern wird die erste Person, das Ich, vermieden, in diesem wird sie beibehalten.« Kein Vater, keine Mutter, kein Bürgermeister, kein Priester, kein Präsident sollte ihm vorschreiben, vorsagen, vorbeten, welchen Weg er zu gehen hatte. Die Königswürde des Menschen war ihm unantastbar.

Söhne der Erde

Henry Thoreau lebte gern, aber die Weisheit des Ostens, daß Leben Leiden bedeute, wurde ihm immer wieder schmerzlich bewußt: am eigenen Leib, beim Tod von Bruder und Schwester, nach der Explosion in einer benachbarten Pulvermühle mit zahlreichen, gräßlich verunstalteten Opfern oder auch beim Anblick des Wracks eines Einwandererschiffes, das er auf einer Exkursion, wie so häufig von Channing begleitet, entdeckt hatte. Verstümmelte Leichen, von Fischen und Felsen zerrissen, hingen im Seetang.

Aber hierher, ans Cape Cod, sollte er öfter zurückfahren, seine Aufzeichnungen über diese Reisen sind voller »sun and fun«, voller Lebenswärme und wortspielerischer Fröhlichkeit. Thoreau war davon überzeugt, daß er seine Gesundheit, seine Lebensgeister nur erhalten, die »Krankheit zum Tode« (Kierkegaard) nur hinauszögern konnte, wenn er wenigstens vier Stunden am Tag durch die Wälder und Felder streifte. In seinem in Amerika meistgelesenen Essay *Walking*, dessen ersten Teil er 1851 verfaßte und in Concords Lyzeum vortrug, bezeichnete er sich als einen Wanderer, einen Pilger, der unterwegs sei zum Heiligen Land. »To saunter« (umherschlendern) fand er wunderbar abgeleitet von »müßigen Menschen, die im Mittelalter über Land zogen und unter dem Vorwand um Almosen baten, sie gingen à la Sainte Terre, zum Heiligen Land, bis die Kinder riefen: Da geht ein Sainte-Terrer, ein heiliger Landser!«

Das Heilige Land hatte Thoreau bereits gefunden: seine Heimat. Dieser Naturmystiker, der bereit war, spirituell jede Grenze zu überschreiten, glaubte allen Ernstes, Concord sei in besonderer Weise mit Naturschönheiten und Artenreichtum gesegnet. Und wirklich, Thoreau, der Concordianer, der Concord-Indianer, besaß das Auge des Entdeckers, die Nase für den Geruch alles Erdhaften, hatte ein Ohr nicht nur für literarische Grashalme, sondern hörte das Gras in natura wachsen, so daß ihn Emerson schon davor warnte, nicht unbedingt jeden fremden Vogel, jede seltsam edelweiße

Pflanze bestimmen zu wollen, damit sich nicht alle Poesie verlöre.

Concord (und drum herum: Wayland, Bedford, Billerica, Lincoln, Boxboro, Sudbury, Stowk, Natick und Acton) – das war für ihn der Nabel der Welt, wo er während des letzten Dutzends seiner Lebensjahre in schöner Regelmäßigkeit einer ungeregelten Beschäftigung nachging, einer selbstgewählten Tagesordnung folgte.

Der Vormittag galt der Gelegenheitsarbeit oder dem Studium naturwissenschaftlicher Werke. Als lebenslanger Scholar bevorzugte er Schriften, die *das Ganze* im Auge behielten (ausdrücklich lobte er Humboldt; auch war ihm das großzügige Geschenk des Engländers Thomas Cholmondeley, der ihm vierundvierzig Bände einer orientalischen Religions- und Literaturgeschichte geschickt hatte, eine große Freude und Bereicherung). Am Nachmittag aber trieb es ihn hinaus an die frische Luft, ins Licht, in die Wälder, wo gesellschaftliche Unruhestifter wie Kirche und Staat, Handel und Industrie nichts zu suchen hatten.

Hier begegnete ihm die reine Wirklichkeit, hier war Gegenwart – seine Zukunftserwartungen richtete er nicht auf Rasenflächen und kultivierte Felder, wie er in *Walking* schreibt, nicht auf Städte, gar auf Großstädte; überleben könnte die Menschheit nur, wenn ihr die unzugänglichen glucksenden Sümpfe, Wildnis und Urwälder erhalten blieben. »Wehe aber, wenn die pflanzlichen Moderreserven erschöpft sind und die Menschen gezwungen, ihren Dünger aus den Knochen der Väter herzustellen.«

Er fand es unerträglich, wenn jedes Fleckchen Erde kultiviert wäre; ein Teil mochte Ackerland sein, aber der größere Teil sollte Wiesen und Wäldern vorbehalten bleiben, um für fernere Zeiten den Humus zu bilden. Allen Transzendentalisten galt und gilt die zivilisierte Außenwelt mit ihren begradigten, kanalisierten, in Dammkorsetts gezwängten Bächen und Flüssen und ihrer asphaltierten, versiegelten Landschaft als Ausdruck des gezähmten, dressierten, versklavten Menschen.

»Kein Zweifel, nicht alle Menschen taugen gleich gut als Untertanen; und obwohl die meisten, wie auch Hunde und Schafe, bereits zahm zur Welt kommen, ist dies kein Grund, auch die anderen in ihrer Eigenart zu brechen und sie auf ein einheitliches Mittelmaß zu erniedrigen... In der Natur haben die wilde Klematis wie auch der Kohlkopf ihren Platz.«

Als ungehorsamer Staatsbürger seine Pflichten zu erfüllen, vergaß Thoreau gewiß nicht; aber auf seinen Wanderungen ärgerte sich der selbsternannte Wald- und Wildhüter, der »Inspektor von Schneestürmen und Regenschauern«, wenn es ihm widerfuhr, daß sein Körper eine Meile in den Wald hineingegangen war, ohne seinen Geist mitzunehmen. »Was habe ich in den Wäldern zu suchen«, so fragte er sich, »wenn ich an etwas denke, das außerhalb der Wälder liegt?« Auch wenn er selbst immer wieder merkte, daß das Gehen in freier Luft dem Aufsteigen eigener Gedanken äußerst günstig war, sah er es als Frevel an, den Wald zur schönen Kulisse, zum Sauerstofflieferanten abzuwerten, ihn menschlichem Zweckkalkül zu überlassen.

In *Leben ohne Prinzipien*, von Thoreau Mitte der fünfziger Jahre unter dem Titel *What shall it profit?*, »Was nützt es (dem Menschen, wenn er die ganze Welt gewinnt und nimmt doch Schaden an seiner Seele)?«, häufig vorgetragen, heißt es:

»Wenn ein Mensch einmal einen halben Tag in den Wäldern herumwandert, weil er sie liebt, dann besteht die Gefahr, daß er als Tagedieb angesehen wird; wenn er dagegen den ganzen Tag als Unternehmer beschäftigt ist und die Wälder abholzt und die Erde vorzeitig kahl werden läßt, so wird er als fleißiger und strebsamer Bürger betrachtet.«

Das Wandern im Thoreauschen Sinn hat nichts gemein mit einem Sich-Bewegung-Verschaffen, »so wie Kranke ihre Medizin einnehmen oder wie das Schwingen von Hanteln und Stühlen.« Der Mensch solle die Natur weit*gehend* in Ruhe lassen, denn, so eine von Thoreaus Kardinalaussagen, *in der Wildheit liegen die Rettungsreserven der Welt* – eine Feststellung, die der World Wildlife Fund (WWF) zu seinem Motto gemacht hat. Thoreaus intuitive ökologische Einsichten, niedergeschrieben zu einer Zeit, als das natürliche Gleichgewicht nur unwesentlich vom Menschen gestört wurde, müssen den heutigen Leser beschämen.

Die Moosflechten auf Felsen waren ihm verwandter als Bücher und Freunde. Selbst Emerson und Channing, die sich auf den nachmittäglichen Wanderungen gern unterhielten, galten ihm oft als Störenfriede, »walk and talk« konnte er nicht ausstehen, da seine Wahrnehmung von Wind und Wetter, Fauna und Flora darunter litt. Nicht zu stillen schienen seine Neugier, sein Durst nach erfaßbarer, erlebbarer Wirklichkeit. Ob er spürte, daß ihm nicht mehr viel Zeit blieb? Gegenüber Harrison Blake, der gelegentlich mitlaufen »durfte«, äußerte er, dabei als realer und idealler Bergsteiger Höhenunterschiede verdeutlichend:

»Es ist nicht so, daß wir das Alleinsein lieben, sondern wir lieben das Aufsteigen; und wenn wir aufsteigen, so wird die Schar kleiner und kleiner, bis endlich niemand mehr da ist. Wir können entweder die Zeitung in der Ebene haben oder eine Predigt am Berge oder eine ganz eigene Ekstase noch höher droben. Wir sollten beharrlich zu den Gipfeln streben, auch wenn keine Menschenmenge sie besteigt.«

An den Abenden schrieb er Briefe an Blake, an Ricketson, an Cholmondeley, der ihn wiederholt, aber ohne Erfolg für eine Reise nach England zu gewinnen suchte; dort wies Hawthorne, als Konsul in Liverpool lebend, gerne auf den unorthodoxen Naturdichter aus Neuengland hin, welcher das Paradies auf Erden noch nicht verloren gab, solange die Pflanzen- und Tierwelt mit ihrem selbstverständlichen Tun und Lassen existierte. Das »paradise now« war für Thoreau kein frommer oder revolutionärer Wunsch; Glück, ja Liebesglück fand er zum Beispiel in dem Verhältnis zu einer Buscheiche: »Endlich«, so schreibt er selbstironisch, »hatte ich eine Geliebte für mich gefunden. Ich hätte sie umarmen mögen, wie sie sich mit ihrem knappen Blätterkleid über den Schnee erhob und leise mit mir flüsterte.«

Köstlich auch, wie ausdauernd er eine Sumpfschildkröte festhielt und beobachtete:»Sie streckte ihren Kopf zu mir hoch und zischte beim Atmen mit ihrem weit offenen Maul eine Viertelstunde lang wie eine Lokomotive; ich konnte in ihren abscheulichen Schlund zehn Zoll tief hineinschauen.«

Thoreau war aber nicht nur für Natureindrücke empfänglich. Auch technische Neuerungen wußte er zu schätzen – auf seine Weise: Die Harfenmusik des Windes in den Telegraphenleitungen sang ihm göttliche Botschaften ins Ohr; das zweckmäßige Nachrichtentransportmittel, nach seiner Meinung lebensgefährlich eindimensional, wenn es nur Baumwollpreise und Kriegsfurcht weitertrug, wurde von ihm sofort ins Ästhetisch-Mehrwertige gerettet!

Die harmonische Windharfenmusik ließ ihn jedoch die Dissonanzen des Alltags nicht ignorieren, in seinen Vorlesungen machte er konkrete, praktische Vorschläge. So sollten die Straßen verbessert, Flußfähren eingerichtet, der Brandschutz gefördert, öffentliche Bibliotheken geschaffen und Naturschutzparks angelegt werden; massiv griff er die Hudson Bay Company an, ihr Pelzhandel koste unzählige Bisamratten, Wiesel und Nerze das Leben: »nackte, rote Kadaver an den Flußufern in ganz Britisch-Amerika« – das *indianische* Amerika habe anders ausgesehen.

Als Kritiker, der jeden einzelnen zur Verantwortung für privates und öffentliches Verhalten heranzog, war Thoreau in seinem Freundeskreis geradezu gefürchtet. Emerson hierzu:

»Ein so verunsichernder Freimut war in seinem Verhalten, daß seine Bewunderer ihn ›diesen schrecklichen Thoreau‹ nannten, als spräche er, wenn er schwieg, und als wäre er noch da, wenn er fortgegangen war… Die Sache, um die es ging, durchschaute er mit dem ersten Blick; er sah die Grenzen und die Armut derer, mit denen er sprach, so daß nichts vor solch schrecklichen Augen verborgen schien.«

Bei allen wichtigen Angelegenheiten, so berichtet Emerson weiter, kam stereotyp die Frage auf: »Was würde Henry dazu sagen?« In seinen letzten Lebensjahren galt Henry in seinem Bekanntenkreis als Autoritätsperson – in jeder Hinsicht: Am Morgen kamen die Iren in die Küche und fragten, wie das Wetter würde.

Obwohl sich dieser anscheinend so starke Mensch jahrelang erfolgreich gegen Kränklichkeit und Schwermut verteidigt hatte: mit täglichen Märschen, einfacher Lebensweise, beständigem Aufenthalt im Freien, Erquickung in der Einsamkeit, dem gleichmäßigen Rhythmus der Beanspruchung (morgens der Handwerker, nachmittags der Fußgänger, abends der Kopfarbeiter), mit Schutzmaßnahmen also gegen jene extreme Verletzlichkeit, die allen subtilen Geistern eigen ist – es gelang ihm nicht, die Krankheit seiner Familie, die schon John und Helen dahingerafft hatte, zu besiegen.

Im Frühjahr 1855 zwang ihn die Tuberkulose, mehrere Monate »krank und zu nichts nütze auf dem Rücken zu liegen.« Neben den weichen Knien machten ihm zeitweise melancholische Stimmungen zu schaffen, aber im Laufe des Jahres erholte er sich, kletterte wieder auf Bäume, beobachtete auf Mondscheingängen die Eulen, las vom Erdboden Pfeilspitzen auf, steinerne Symbole des roten Mannes, »eingeschrieben in das Gesicht der Erde«, experimentierte mit der Herstellung verschiedener Birkensäfte und sang anläßlich einer Reise nach New Bedford Ricketsons Kindern etwas vor.

Wenn er auch erstmals von Invalidität sprach – die Individualität kam ihm nicht abhanden. Daß er sich einen kräftigen Vollbart wachsen ließ, sollte seinen Status als Nonkonformist freilich nicht eigens betonen: Der Bart sollte ihn vor Erkältungen schützen. Im Herbst war er wieder so gesund, daß er Treibholz sammelte und es auf dem Rücken vom Fluß hinauf vors Haus trug, um es dort zu sägen und zu spalten. Am 20. Oktober schreibt er in sein Tagebuch:

»Die Welt wird nie begreifen, warum du es nicht liebst, dich in ein gemachtes Bett zu legen, warum du so eigensinnig sein willst. Es bereitet mir mehr Freude, Wasser aus einer klaren Quelle zu trinken als aus dem Becher am Tisch eines hohen Herrn. Ich mag das Brot am meisten, das ich selbst gebacken, den Rock, den ich selbst geschneidert, das Dach, das ich selbst errichtet, das Holz, das ich selbst gesammelt habe!«

Obwohl die Krankheit sein weiteres Leben überschattete,

verlor er nicht den Mut, in materiellen, vor allem aber in geistigen Belangen ein einzelner zu sein und sich von der Menge abzusetzen, behielt er auch den Mut zur Verzweiflung, zu zeitweiligem Leiden an den zähen Mißverhältnissen zwischen Wirklichkeit und Ideal.

Mit Idealisten wie Charles Fourier, dessen Gedanken noch immer Furore machten, konnte Concords Eigenbrötler nichts anfangen. Als aber im Jahre 1856 Freunde eine neue Kooperative in Eagleswood im Staat New York gründeten, war er bereit, für diese Gemeinschaft das Grundstück zu vermessen.

Bronson Alcott, der sich in New York aufhielt, lud Henry ein und erzählte von Walt Whitman, dem Dichter der *Leaves of Grass*, der in einem Vorort von Brooklyn lebte. Der Name Whitman war für Thoreau bereits ein Begriff, er selbst hatte im Jahr zuvor, als dessen Gedichtband erschienen war, ein Exemplar Cholmondeley zukommen lassen. Auch wußte er von dem sensationellen Brief, den Emerson an den jungen unbekannten Dichter geschrieben hatte. Während die meisten Kritiker sich gegenüber dem grün eingebundenen poetischen Erstling aus dem Selbstverlag reserviert verhielten und sich keinen Reim auf die kühnen freien Rhythmen machen konnten, feierte Emerson die *Grashalme* als »ungewöhnlichste Probe von Geist und Weisheit«, die Amerika je hervorgebracht habe, und begrüßte Whitman »am Beginn einer großen Laufbahn«.

Auch Thoreau war von dem Buch sehr angetan, er soll sogar ein Exemplar der zweiten Auflage in Concord »wie eine rote Fahne« herumgetragen haben; offenbar hat aber die Whitman-Flagge wie ein rotes Tuch gewirkt ... Tatsächlich mußten einige freizügige Passagen in puritanischen Ohren anstößig klingen. Whitmans hymnische Verklärung des »entflammten Leibes«, des »schwellenden Liebesfleisches« erschien auch Thoreau allzu leidenschaftlich-erotisch. In einem Brief an Blake heißt es:

»Zwei oder drei der Gedichte des Buches sind unangenehm, um mich vorsichtig auszudrücken: bloße Sinnlichkeit. Er verherrlicht die Liebe durchaus nicht. Es ist, als sprächen

Tiere. Ich glaube, daß die Menschen sich nicht ohne Grund schämen. Zweifellos hat es immer Spelunken gegeben, in denen so etwas, ohne zu erröten, vorgetragen wurde, und es ist kein Verdienst, mit Leuten, die sich dort aufhalten, zu wetteifern. Aber selbst in dieser Hinsicht hat er mehr Wahres gesagt als irgendein Amerikaner oder Moderner. Für mich ist seine Dichtung erfreulich und aufmunternd.«

Thoreau erkannte als einer von wenigen spontan die künstlerische Größe seines zwei Jahre jüngeren Kollegen; er spürte, daß dieser gewaltige Lyriker über kurz oder lang die Stimme einer Neuen-Welt-Kultur werden könne.

Alcott und Thoreau kamen überein, diesem schönen jungen Wilden einen Besuch abzustatten. Als sie ihn im November 1856 in der Myrtle Avenue aufsuchen wollten, war er nicht zu Hause. Seine Mutter war gerade dabei, Kuchen zu backen. Henry, in schöner Unbefangenheit, ging einfach in die Küche und nahm sich ein Stück vom warmen Kuchenblech. Sein Sinn für die Süßigkeiten dieser Welt war keineswegs abgestorben. Am nächsten Morgen erwartete Walt sie bereits in seiner Dachkammer, die er mit einem schwachsinnigen Bruder teilte. Der erste Eindruck, nehme ich an, muß auf Thoreau, der das Wilde außerhalb des Hauses schätzte, aber nicht *im* Hause, abschreckend gewesen sein: verstreut herumliegende Bücher, das ungemachte Bett, indiskret sichtbar der Nachttopf, Bilder von Herkules, Bacchus und einem Satyr an der Wand; und sah Walt selbst nicht auch etwas verwahrlost aus in seinem roten Flanellhemd und der Arbeiterhose, mit seinem Stoppelbart? Thoreau, weit davon entfernt, bürgerlich-gebügeltem Habitus zu entsprechen, hierzu:

»Eine bemerkenswert starke, wenn auch rauhe Natur, liebenswürdig veranlagt und von seinen Freunden geschätzt. Wenn auch äußerlich seltsam und grob, seine Haut (überall?) ganz rot, so ist er dem Wesen nach doch ein Gentleman. Ich kann ihn noch nicht so recht einordnen, fühle, daß er mir auf jeden Fall wesensfremd ist. Und doch hat mich sein Anblick sehr erstaunt. Er wirkt sehr kräftig, aber, wie gesagt, nicht fein.«

Sie standen sich gegenüber »wie zwei Tiere, von denen jedes überlegte, was es tun solle: zuschnappen oder weglaufen« (Alcott).

Walt erzählte, er fahre am liebsten den ganzen Tag im Omnibus den Broadway auf und ab, sitze neben dem Kutscher, lausche auf das Rollen der Wagen und deklamiere derweil lautstark Homer – eine Bohemienschilderung, die Henry verständnislos aufgenommen haben wird. Aber als Walt fortfuhr, zur Zeit lese und schreibe er am Vormittag und ginge nachmittags spazieren – da wußten sich die transzendentalen Freunde mit dem Mann aus Brooklyn wieder verbunden.

In den *Grashalmen* hatte Thoreau gelesen: »In allen Menschen sehe ich mich selbst, nicht mehr und nicht ein Gerstenkorn weniger.« Henry wies auf die Nähe solcher Gedanken zur Weisheit des Ostens hin und fragte Walt, ob er mit hinduistischen und taoistischen Werken vertraut sei. Whitman antwortete: »Nein, erzählen Sie mir davon!«

Zwei Männer trafen hier zusammen, die von sich wußten, daß sie der Welt, und nicht nur der literarischen, etwas zu sagen hatten, die nicht für Geld, sondern fürs Leben schrieben, gegen Oberflächlichkeit und Materialismus.

Beide erfrischten sich an dem »Lächeln der kühl atmenden Erde«, beide betörte das Gras, »das duftende Taschentuch Gottes, absichtlich fallen gelassen«, und die Kuh, »wiederkäuend mit gesenktem Kopf«, fanden sie »schöner als jede Statue« (Whitman-Zitate).

Thoreau: »Es ist geradezu ungeheuerlich, wenn sich einer durchaus nicht um Bäume bekümmert, hingegen ein großes Getue macht um korinthische Säulen.«

Beide wollten an den Schlaf der Welt rühren; der eine als Sänger einer neuen demokratischen Welt, ein großstädtischer Flaneur und Menschenfreund, der das Bad in der Menge suchte, ohne Furcht, sich die Hände schmutzig zu machen, epikureisch-wollüstig beständig das Glück alles Lebendigen kündend; der andere als neuenglischer Landbote, der das Recht auf Selbstbestimmung und persönlichen Freiraum vorlebte, der puritanisch-streng Schuld und Unreinheit und Schwächen des Menschen nicht mit dem Mantel globaler Nächstenliebe zudecken mochte, sondern anprangerte und ein Leben im Einklang mit den Gesetzen intakter Natur »vorschrieb«.

Thoreaus großer Fehler, meinte Whitman, war seine Verachtung des durchschnittlichen Menschen, die Geringschätzung eines Tom oder Dick oder Harry; er empfand dies als einen Mangel an Phantasie; Ungeduld und Hochmut gegenüber den Menschen auf der Straße störten ihn. Auch tat ihm sein Brooklyn leid, als der moralische Besserwisser aus Concord Schmutz und Verderbtheit der Großstadt rügte. Sowenig man sich Whitman am Waldensee vorstellen kann, es sei denn »mit ein paar Schoppen Rum und Besucherinnen und jemandem, der die Gartenarbeit besorgte« (Henry Seidel Canby), sowenig paßte Thoreau in die Straßen New Yorks, liebäugelnd mit jedermann, gar mit jeder Frau, berauscht sich treiben lassend.

Als Walt in der Unterhaltung vollmundig äußerte, er, Whitman, stelle Amerika dar, erteilte Thoreau ihm einen kleinen Dämpfer, indem er antwortete, er halte nicht viel von Amerika und noch weniger von Politik. Schon damals forderte Whitman die Demokratisierung sämtlicher gesellschaftlichen Bereiche, während Thoreau skeptisch blieb im Hinblick auf das imperative Mandat von Mehrheitsentscheidungen.

Henry und Walt wurden keine Freunde, aber sie respektierten einander. Henry nannte ihn den »offenbar größten Demokraten, den die Welt gesehen hat« und befand, Walt sei ein großartiger Bursche.

Whitmans Urteil über Thoreau:

»Thoreau war ein ganz überraschender Mensch – eine dieser ursprünglichen Kräfte, als Persönlichkeit nicht so edel und lieb wie Emerson, aber eine Kraft, die immer stärker wird. Etwas in seinem Wesen ist mir sehr verwandt: seine Gesetzlosigkeit, seine betont eigene Meinung, und daß er, mag auch ein Höllenfeuer um ihn lodern, unbekümmert seinen Weg geht.«

In den Werken beider Schriftsteller haben nachfolgende Generationen immer wieder ihr Lebensgefühl ausgedrückt gefunden; poetisch und politisch stellen ihre Schriften eine rohe und eine frohe Botschaft dar, die vor allem junge Menschen zu Konsequenzen führen kann: Während des Vietnamkriegs schickten viele Kriegsdienstverweigerer ihre Einberufungsbefehle an die Behörden zurück, die einen mit einem *Civil-Disobedience*-Exemplar, in dem die Wörter »Mexiko-Krieg« durch »Vietnamkrieg« ersetzt waren, die anderen zitierten Whitmans Satz: »Prüfe alles, was man dir in der Schule oder in der Kirche oder in irgendeinem Buch beigebracht hat, und verwirf alles, was deine Seele beleidigt.«

John Brown

»Große Menschen lernt man nicht so schnell kennen, nicht einmal in ihren Umrissen, sondern sie verändern sich wie die Berge am Horizont, während wir unserer Straße ziehen« – so Thoreau in seinem Tagebuch. In den Augen derer, die ihn bisher für einen Künder gewaltfreier, friedlicher, mit Zivilcourage beförderter Gesellschaftsveränderung halten, der seine Kraft aus der heilen Natur schöpfte, muß die Fortsetzung seiner Lebensgeschichte eine herbe Enttäuschung, ein dunkles Kapitel darstellen.

Die Bekanntschaft mit Frank B. Sanborn, einem Harvard-Absolventen, der – auch er – in Concord eine Privatschule aufgemacht hatte, brachte Thoreau in Kontakt mit dem harten Kern der Abolitionisten und einem ihrer militanten Führer, John Brown. Dieser fanatische Vorkämpfer für die Befreiung der Schwarzen in den Vereinigten Staaten hatte eine kleine Guerillatruppe aufgebaut, die in Kansas die Entwicklung zum Sklavenstaat mit aller Gewalt verhindern wollte.

Aus Missouri waren bereits viele Siedler nach Kansas gezogen, um sich dort niederzulassen und mit ihrem Stimmrecht für die Sklavenhaltung zu votieren. John Brown, ein grimmiger, zu allem entschlossener Verschwörer, hatte sich in verschiedenen Scharmützeln den Ruf eines tollkühnen, ja unverletzbaren Kriegers erworben; aber das Massaker von Pottawatomie, bei dem 1856 fünf Befürworter der Sklavenhaltung heimtückisch überfallen und ermordet wurden, bewies, daß Brown, in religiöser Perversion sich für das Racheschwert Gottes haltend, ein revolutionärer Eiferer war, der (ein »Lichtengel«, so Thoreau später; ein Luzifer, so erlaube ich mir zu variieren) die Teufelei des Sklaventums mit Beelzebub-Methoden austreiben wollte.

Sanborn, rühriger Propagandist der Abolitionisten, hatte Brown im März 1857, dem Jahr einer ernsten Wirtschaftskrise, zu einem Vortrag nach Concord geladen. Da Sanborn sein Mittagessen in der Regel im Hause Thoreau einnahm, brachte er Brown gleich mit, und Henry Thoreau hatte ausgiebig

Gelegenheit, die Haudegenstorys und kompromißlosen Parolen des Heiligen-Kriegs-Helden kennenzulernen. Auch Emerson, der auf einen Sprung hereinschaute, war von Brown beeindruckt und nannte ihn später einen »großen Idealisten, einen guten und aufrechten Menschen.«

Thoreau und seine Freunde waren von dem Mann aus Kansas angetan, weil dieser den staatsmoralischen Notstand nicht bloß verbal attackierte, sondern in einem direkt-utopistischen Willens- und Gewaltakt das Rad der Geschichte vorantrieb. Hier war ein Mann, der seine Empörung nicht in transzendentalem Schönschreiben neutralisierte, sondern nach dem Motto handelte: Wer, wenn nicht ich – und wann, wenn nicht jetzt!

Es war Captain John Browns persönliche Auffassung, daß ein Mensch voll berechtigt sei, gewaltsam gegen Sklavenhalter vorzugehen, um den Sklaven zu befreien. Zwei Jahre später sollte Thoreau Brown ausdrücklich zustimmen! Er war zu dem Glauben gelangt, daß in diesem Fall Gewehre und Revolver in einer gerechten Sache verwendet wurden. Freilich hat er selbst niemals zur Waffe gegriffen. Nicht nur seine geschwächte gesundheitliche Konstitution und seine privaten Lebensumstände haben eine kriminelle Radikalisierung verhindert: Ich kann mir keinen Thoreau denken, der blutbesudelt über das besiegte Böse hätte triumphieren mögen.

Mit welchem Gewissen hätte dieser Reinheitsapostel von ihm selbst verursachte tödliche Konsequenzen vereinbaren sollen? Der fundierteste Thoreau-Kenner unserer Zeit, Walter Harding, nimmt an, Thoreau habe von dem Pottawatomie Massaker nichts gewußt, sonst hätte er sich von Brown gewiß abgewandt. Zweifellos aber wollte Thoreau nicht länger seine Hände in naturidealistischer Unschuld waschen, als er individuelle Gewalt zur Korrektur verfehlter Politik für zulässig erklärte, so daß die Stimme seines absoluten Gewissens in den Stimmbruch geriet. Aber die Tatsache, daß er sich nach dem Tod John Browns schnell aus dem politischen Engagement zurückzog und sogar den Bürgerkrieg nur partiell zur Kenntnis nahm, zeigt seine unveränderte Skepsis gegenüber der Zivilisation und ihren Staatsaffären. Doch ich greife den Ereignissen voraus.

An jenem Märzabend 1857 in Concords Stadthalle stieß der fromme Terrorist (der gnadenlose Widerstandskämpfer) auf zahlreiche intellektuelle Sympathisanten, die von dem heiligen Mann der Tat begeistert waren, so daß ihm erhebliche Unterstützungsgelder zuflossen. Sanborn spendete hundert Dollar, Emerson fünfzig, Thoreaus Vater zehn – sein Sohn rückte nur einen Obolus heraus. Thoreaus Parteinahme war zu diesem Zeitpunkt noch etwas zurückhaltend, da Brown über den Verwendungszweck der Gelder nur vage Auskünfte gab. Zur eindrucksvollen Veranschaulichung des Feindbildes hatte Brown sogar die Kette mit dem getrockneten Blut eines seiner fünf Söhne mitgebracht, der auf grausame Weise von Sklavereiverfechtern gefoltert worden war.

Zwei Jahre nach dem ersten Zusammentreffen zwischen Brown und Thoreau kam es im Mai 1859 zu einer weiteren Begegnung. Henry trauerte in diesen Tagen noch um seinen Vater, der am 3. Februar im Alter von einundsiebzig Jahren gestorben war. Zum dritten Mal hatte ihm der Tod einen nahen Angehörigen geraubt. In sein Tagebuch notierte er:

»Ich bemerke, daß wir durch das Mitleiden bei dem Tod eines jeden unserer Freunde oder nahen Verwandten selbst teilweise sterben. Jede solche Erfahrung ist ein Angriff auf unsere Lebenskraft.«

Daß seine eigenen Tage gezählt waren, wird er daher innerlich gespürt haben; ein vitales Sichaufbäumen, ein Mobilisieren seiner körperlichen und geistigen Kräfte mit dem Zweck, in diesem Leben noch zu sichtbaren positiven Ergebnissen zu kommen, ein klar definiertes ethisches Ziel wie die Abschaffung der Sklaverei zu erreichen, kann mithin nicht verwundern.

Am 8. Mai hielt Brown seine zweite öffentliche Ansprache in Concord. Er erhoffte sich vom abolitionistischen Kansas-Komitee die Überlassung von zweihundert Gewehren – neben weiteren Spenden und Gefolgsleuten. Seine leidenschaftlich-heroischen Worte machten auf Thoreau einen starken Eindruck. Ein »neuer Christus« las hier in heiligem Zorn den weißen Herrenmenschen und ihren neuenglischen Helfershelfern die Leviten. Thoreau wollte die »Säuberung des Tempels« noch miterleben, ihm erschien Brown christlicher als Christus selbst, der das Menschengeschlecht nur unvollkommen gelehrt habe, da seine Gedanken auf eine andere Welt gerichtet waren. Insofern fragte Thoreau nicht »nach den Waffen, sondern nach dem Geist, in dem man sie gebraucht.«

Am 16. Oktober 1859 überschritt Captain Brown mit dreizehn Weißen und fünf Schwarzen die Grenze nach Virginia und eroberte das US-Waffenarsenal von Harper's Ferry. In den Bergen des nördlichen Virginia sollte ein befestigter Stützpunkt für flüchtige Sklaven errichtet werden. Von hier aus sollten die Aufständischen das ganze Land lawinengleich überrollen. Bei Browns dilettantisch ausgeführter Aktion, der sich kein einziger der wenigen Sklaven dieser Gegend anschloß, verlor die Hälfte seiner Leute ihr Leben. Virginias gesamte Staatsmiliz mußte aufgeboten werden, um den wilden Kampfesmut der Verschwörer zu brechen und das Bundesdepot zurückzuerobern. John Brown selbst wurde verwundet, gefangengenommen und wegen Hochverrats angeklagt.

Die sieben Wochen zwischen seiner Verhaftung und seiner Hinrichtung durch den Strang am 2. Dezember in Charleston waren überall in Amerika von aufgewühlten Emotionen beherrscht. Schock und Entsetzen hatten die Nachrichten aus Virginia ausgelöst. Die öffentliche Meinung verurteilte Brown als Staatsfeind und Gewalttäter; auch viele Abolitionisten distanzierten sich von dem finsteren Revoluzzer und nannten ihn einen Wahnsinnigen – zumindest mißbilligten sie sein Vorgehen als taktisch unklug.

Anders Thoreau. Wie kaum ein anderer verteidigte er Brown von Anfang an, feierte ihn als tapferen Streiter wider das Böse und bewunderte seine Bereitschaft, märtyrerhaft »für eine ewige Wahrheit auf dem Schafott zu sterben« – so die eigenen Worte des Delinquenten. Brown vor Gericht: »Wenn es jetzt notwendig ist, daß ich mein Leben hingebe, um der Gerechtigkeit Genüge zu tun, daß ich mein Blut vermische mit dem meiner Kinder und dem von Millionen von Wesen, deren Rechte durch die Sklaverei grausam verletzt sind, so füge ich mich. Möge es geschehen!«

Im Herbst 1859 war Thoreau mit nichts anderem beschäftigt, selbst die Mutter Natur vermochte ihn nicht zu beruhigen, so sehr bewegte ihn das Schicksal seines messianischen Bruders im Geiste.

Am 30. Oktober hielt er eine seiner heftigsten und packendsten Reden in Concords Stadthalle. Die Stadtväter hatten ihm von einer Veranstaltung zugunsten Browns abgeraten, da sie zum jetzigen Zeitpunkt ein öffentliches Ärgernis darstelle und mit Gegendemonstrationen zu rechnen sei. Auch die offiziellen Sklavereigegner sprachen sich dagegen aus, denn eine Verteidigung Browns mußte der Sache der Abolitionisten schaden. Allein Thoreau erklärte barsch: »Ich habe Sie nicht um Ihren Rat gebeten, sondern Sie lediglich darüber informiert, daß ich sprechen werde.« Als ihm die besorgten Hausherren von Concords Stadthalle das übliche Glockenläuten verwehren wollten, ergriff er selbst die Glockenseile und lockte Interessenten herbei: zumeist Leute, die Thoreau auszubuhen gedachten.

Thoreau würdigte Brown als einen Menschen, der *seinen* Weg ging. Daß dieser dabei auch über Leichen ging, ignorierte er durchaus nicht, ließ sich aber auf keine Strategiediskussion ein, sondern argumentierte einzig aus der Sicht einer höchstrichterlichen Göttlichkeit, die kein Pardon kennt für »eine kleine Schar von Sklavenhaltern, die, geduldet von einer großen Schar von Passagieren, vier Millionen sterbender Opfer auf dem Sklavenschiff in den Luken ersticken läßt.« In seinem *Plädoyer für John Brown (A Plea for Captain John Brown)* versuchte Thoreau, die Zuhörer von der Fragwürdigkeit eines Gewaltbegriffs zu überzeugen, der die Rechtmäßigkeit allein bei Kriegshandlungen oder beim »Abschuß« von Indianern und flüchtigen Sklaven attestierte.

»Ich will nicht töten oder getötet werden, aber ich kann Umstände vorhersehen, unter denen diese beiden Dinge für mich unvermeidlich wären.«

Thoreau blieb die Einlösung seines prophetischen Konjunktivs erspart. Vorrangig plädierte er ja auch nicht für ein ehrenvolles Todesopfer, sondern sprach sich für ein menschenwürdiges Dasein aus, in dem niemand freiwillig oder gezwungenermaßen in die Lage käme, sein Leben sinnlos zu opfern. Und Browns Tat habe bereits »den schwachen Puls des Nordens beschleunigt und frischeres Blut in seine Adern, in sein Herz strömen lassen als in vielen Jahren sogenannten wirtschaftlichen und politischen Aufschwungs.« Während Vorbereitungen getroffen würden, diesen Mann aufzuhängen, »verhüllt sich die Schönheit, und Musik ist eine schrille Lüge. Denkt an ihn – und an seine seltenen Gaben! Es braucht Jahrhunderte, damit ein solcher Mann werde, Jahrhunderte auch, um ihn zu verstehen, der kein Komiker ist und auch kein Parteivertreter. Ein sonnenhafter Mensch wie er wird so leicht nicht noch einmal auferstehen in diesem umnachteten Land.«

Laut Emerson gelang es dem sonst nicht so begnadeten Redner – er nuschelte und sah seine Zuhörer nicht an –, die Vorurteile der zahlreich Erschienenen in Nachdenklichkeit und Sympathie für Browns Charakter und Ideale zu wandeln. Nicht wenige waren beschämt: Sie begriffen plötzlich, wie furchtsam und kleingläubig sie sich in der Sklavenfrage verhielten.

Thoreau wiederholte sein Plädoyer mehrfach. Ein lebhaftes Presseecho wurde ihm zuteil, das seine kritischen Attacken zumeist zurückwies: Während »Concords Einsiedler« auf der Waldensee-Spielwiese Bohnen angebaut und Murmeltiere gejagt habe, hätten die Zeitungen den Boden für den Kampf gegen die Sklaverei bereitet, der jetzt kräftig genug sei, auch eine Rede zu ertragen, die den Aufruhr begünstige.

Dieser Seitenhieb war nicht unbegründet. Ausgehend von einer »alternativen« Existenz im Grünen, hatte sich Thoreaus Oppositionsrolle mehrfach verändert: Zunächst empfahl er als »ziviler« Ungehorsamer die Verweigerung einer bestimmten Steuer, danach rief er dazu auf, bestehendes Recht zu verletzen und das Gesetz gegen flüchtige Sklaven öffentlichwirksam zu mißachten, und nun eskalierte sein Verständnis von Gegengewalt gar zu der Befürwortung bewaffneter Rebellion gegen den demokratischen Staat!

Am Tag der Hinrichtung ihres Helden veranstalteten Thoreau, Alcott und Sanborn eine Gedenkstunde in Concord. Der Erlös aus dieser und anderen Solidaritätsmaßnahmen (wie der Herausgabe des Buches *Echoes of Harper's Ferry* – darin auch Thoreaus *Plädoyer* –, das 33000mal innerhalb eines Monats abgesetzt wurde) kam John Browns Familie zugute.

Browns Scheitern traf Thoreau schwer, aber er tröstete sich mit der ideellen Unsterblichkeit seines Helden. Im fernen Europa pries der Dichter Victor Hugo Brown als Heilsbringer, auf dessen Grabstein man »Für Christus – Wie Christus« schreiben solle. Dagegen verwarf Abraham Lincoln, der Präsidentschaftskandidat der Republikaner, das Vorgehen Browns als Agitation. Aber auch ihm war klar, daß die Zeit einer hinhaltenden, zögerlichen, heuchlerischen Politik fauler Kompromisse zu Ende gehen mußte. Thoreau sollte recht behalten: Wenige Monate später wurde John Brown zu einer mythischen Figur; im Bürgerkrieg sangen die Soldaten des Nordens sein Lied:

> »John Brown's body lies a-mouldring in the grave,
> But his soul goes marching on...«

Bis weit in das Jahr 1860 erregte der Fall Brown Thoreaus Gemüt, selbst die Natur blieb ihm noch lange verleidet. Er widmete dem Märtyrer, der nach seinem Tode lebendiger sei denn je, einen zweiten großen Essay: *Die letzten Tage des John Brown*, der in der Zeitschrift *Liberator* erschien.

Der Stimmungsumschwung im Lande zugunsten Browns erfüllte ihn mit Genugtuung. Daß man einem göttlichen Prinzip mehr gehorchen müsse denn menschlichen Gesetzen, habe der Norden endlich als edel und heldenhaft erkannt und sei »auf einmal ganz und gar transzendental geworden.« Dieses von Thoreau gelobte Erwachen zur Erkenntnis einer »ewigen Gerechtigkeit« stützte natürlich die fatale revolutionäre Devise, daß der Zweck die Mittel heiligt.

Den Menschen zum Glück einer gerechten Welt zwingen zu wollen, ging Emerson wie anderen Transzendentalisten jedoch zu weit. Er hielt dem Freund vor, seine Kritik an der bösen Politik sei im Grunde ein Aufbegehren gegen die menschliche Natur, zu der das Gute wie auch das Böse gehöre. In der Brown-Phase aber weigerte sich Thoreau, einen moralisch defekten Staat als notwendiges Übel zu tolerieren; sein Bild von John Brown als einem idealen Menschen hatte sich derart »gereinigt«, daß sogar Gleichgesinnte nichts weiter als abstrakte Prinzipien erkennen konnten. Ein junger Verehrer, der sich bei ihm für die Verteidigung Browns bedanken wollte, berichtete: »Als er über John Brown zu sprechen begann, war es nicht der warme, mit Händen zu greifende, liebenswürdige, furchterregende alte Mann meiner Vorstellung, sondern eine Art von John-Brown-Typ, ein John-Brown-Ideal, ein John-Brown-Prinzip, dem wir huldigen sollten.«

Thoreaus Eintreten für einen Gewalttäter irritiert heute immer noch. Während aber im Fall des nachfolgenden gigantischen Bürgerkriegs von einer »Tragödie« gesprochen wird – ausdrücklich nennt der Historiker Golo Mann als Kriegsursache den Kampf um ein *Prinzip*, um das Gute oder Schlechte (nichts anderes hatten die Sklavereigegner Brown und Thoreau im Sinn) –, muß der Rechtsstaat individuellen Aufruhr à la Brown, so religiös und humanitär er auch begründet sei, als mörderische Selbstjustiz verfolgen. Aber ich gestehe, daß ich diese Aussage nicht mit letzter Sicherheit treffe. Vielleicht hat Thoreau in der Beurteilung Browns doch mehr recht als ein Biograph aus dem Volk der Richter und Henker, als ein kampflos freier Bürger aus Germany.

Thoreau war damals zweiundvierzig Jahre alt. Am 19. Dezember 1859, nur wenige Tage nach Browns Tod, schrieb er folgende bemerkenswerten Sätze in sein Tagebuch, die zeigen, daß seine Gedanken »von weit her« kamen:

»Solange ein Mensch jung und seine körperliche und seelische Verfassung noch nicht ausgereift ist, bevor er also das mittlere Alter erreicht hat, kann er noch nicht als sicherer Erdenbürger gelten. Etwas besonders Zartes und Göttliches entschädigt ihn dafür, daß sein Reich noch nicht gänzlich von dieser Welt ist. Sein Gefühl, seine Schwäche, ja sogar seine Krankheit sowie die größere Ungewißheit seines Schicksals scheinen ihn mit einer Rasse edler Wesen zu verbinden, denen er teilweise angehört und deren Kontakt er pflegt. Der junge Mensch ist ein Halbgott, der erwachsene leider gemeinhin nur ein Sterblicher. Nur zur Hälfte ist jener hier, die Menschen dieser Welt, die herrschenden Machtverhältnisse kennt er nicht – wie diese ihn nicht kennen. Unter dem Eindruck der Erinnerung an jene andere Sphäre, aus der er unlängst hierherkam, sind seine Handlungen den Älteren unverständlich. Er badet im Licht. Als Fremdling aus fernen Regionen macht er neugierig. Tatsächlich denkt und spricht er aus einer weiteren Daseinssphäre heraus, als diese Welt darstellt. Er braucht vierzig Jahre, um sich an die Schildkrötenschale dieser Welt anzupassen. Dies ist das Alter der Poesie. Später mag er Präsident einer Bank werden und den Weg allen Fleisches gehen.«

Spürte Thoreau, daß er Gefahr lief, mehr und mehr die Poesie der Jugend einzubüßen? Fürchtete er zeitweise, das Gedicht seines Lebens könnte von prosaischer Ernüchterung abgelöst werden? Hielt er sich mit zunehmendem Alter für kompetent, den irdischen Machtapparat zu durchschauen und ihm Sand ins Getriebe zu werfen? Auf jeden Fall wollte er sein Teil dazu beitragen, daß auf dieser Welt nicht allein die Bankpräsidenten das Sagen haben.

Obwohl ihn zahlreiche Projekte beschäftigten und er noch ein Programm für »mehrere Leben« hatte, wird ihm seine transzendentale innere Stimme bedeutet haben, daß der Himmel für ihn keine zweite Lebenshälfte vorsah. Er sollte kein pragmatischer, vernünftiger, erwachsener Staatsbürger werden. Die sogenannte Weltfremdheit dieses »Jugendlichen« erwies sich den Freunden und Bekannten schon früh, einer breiteren Öffentlichkeit erst Generationen später als allergrößte Weltvertrautheit, als allerlebhaftester Wirklichkeitssinn, der den Selbstbetrug bloß materiellen Glücksstrebens, der die Kurzsichtigkeit, die Verblendung menschen-, tier- und pflanzenverachtender Technokraten und Despoten entlarven hilft.

Wie schon *Walden* nicht Thoreaus Weisheit letzter Schluß war, sondern ein vorübergehendes Experiment, so war auch das Engagement für John Brown nicht seine letzte Antwort auf Fragen, die ihm das Leben stellte.

Die letzten Tage des Henry Thoreau

Für eine Weile hatte Thoreau es für richtig gehalten, das Heil im Aktionismus zu sehen und den Tod einiger Menschenschinder dabei in Kauf zu nehmen. In seinen letzten Lebenstagen wandte sich Thoreaus private Theologie der Befreiung wieder verstärkt gegen den ungleich hartnäckigeren, sich geschickter tarnenden *inneren* Schweinehund in einem jeden Menschen, von welcher Hautfarbe er auch sei, in welcher Hemisphäre er auch wohne.

Überdies kehrte er zu den Heilkräften der Natur, zu ihrer einzigartigen Universalmedizin zurück. (»Man gräbt vergiftete Schafe bis zum Hals in Erde ein, um das Gift aus ihnen zu ziehen«, notiert er am 24. September 1859 in sein Tagebuch.) Thoreau hatte sich nicht etwa gehäutet und Wald und Wiese mit dem weiten Feld der Politik vertauscht. Deutlicher als zuvor war ihm durch John Brown, ein Einzelkämpfer wie er selbst, bewußt geworden, daß sein Lebenswerk darin bestand, als puritanischer Mensch in der Revolte den chronisch verzweifelten Mitmenschen, die sich belanglosen oder zerstörerischen Dingen hingaben, zu sagen, wie weit sie sich von natürlicher Ungezwungenheit und Würde entfernt hatten.

Thoreau war mehr und mehr zum geschätzten Propheten im eigenen Gelobten Land geworden. Vierzig Jahre lang lief er schon durch seine Concord-Oase; er wollte durch sein Beispiel die Leute lehren, daß sie nicht erst vierzig Jahre durch die Wüste wandern mußten – sie brauchten nur die Augen aufzumachen, um zu erkennen, daß sie sich bereits mitten im irdischen Paradies befanden; daß ihnen mit der Neuen Welt eine neue Erde und ein neuer Himmel geschenkt war; daß der Boden, den sie mit Füßen traten, nicht nach dem Handelswert von Baumwolle und Weizen, nach dem Goldgräberglück einzuschätzen war, sondern nach dem Maß an täglicher Seligkeit, das er für den wachsamen, aufmerksamen Müßiggänger bereithielt, der sich auf diesem Boden der freiheitlich-archaischen Grundordnung tummelte.

Für zwei Großprojekte recherchierte Thoreau unermüdlich:

Zum einen gedachte er eine Naturgeschichte seiner Heimatstadt zu verfassen, einen illustrierten »Concord-Atlas«, an
dem besonders Bronson Alcott, inzwischen zum Schulrat des
Ortes ernannt, interessiert war, um ihn als Unterrichtswerk
einzusetzen; zum andern trug er alles zusammen, was über die
amerikanische Indianerkultur zu finden war. Bis 1860 hatte er
elf umfangreiche Notizbücher angefüllt.

Zu einer systematischen Aufarbeitung ist der Ethnologe
Thoreau nicht mehr gekommen. Ohne gewisse barbarische
Riten der Indianer zu beschönigen, würdigte er das Edle und
Reine in der Distanz des roten Mannes zur Natur und nannte
den ausbeuterischen Krämergeist der Yankees »vulgär und
verderbt«. 1857, auf seiner dritten Reise in die Wälder von
Maine, hatte er Joseph Polis kennengelernt, der ihn als sein
indianischer Reiseführer mächtig beeindruckte. In einem
Brief an Blake schrieb er, daß des Indianers Intelligenz »in
Kanälen fließt«, von denen der weiße Mann nichts wisse. Wie
wunderbar finde der Wilde den Weg durch die Wälder – ohne
Kompaß, Fernglas, Meßkarte: Utensilien, auf die auch
Thoreau nicht verzichtete.

Einen sonderlich zivilisierten Eindruck machte er auf seinen
Exkursionen allerdings nicht, oft wurden Channing und er für
Hausierer, reisende Handwerker oder auch Landstreicher
gehalten, einmal sogar für Bankräuber. Wenn es aber in die
Weißen Berge ging (in New Hampshire) oder auf den Concord
benachbarten Monadnock (1860), lief Thoreau zwar wie
üblich der Luftlinie nach und sprang über die Weidezäune –
jedoch nicht ohne Regenschirm, damit seine Notizblätter und
wissenschaftlichen Papiere keinen Schaden nähmen.

Die späten Tagebucheintragungen kennzeichnet naturwissenschaftliche Detailfülle. Man hat deswegen bei Thoreau eine
transzendentale Schwindsucht feststellen wollen, einen Ver-
lust an mystischer Tiefe. Tatsächlich klagte Thoreau in seinen
Tagebüchern der fünfziger Jahre häufig darüber, daß er nicht
mehr wie früher visionäre Augenblicke erlebe, in denen ihm
von göttlichem Geist durchflutete »Ganzheiten« erschienen.
Thoreau war ungeduldig nicht nur mit anderen, sondern auch

mit sich selbst. In der Hoffnung auf weitere transzendentale Lichtblicke hatte er seine Naturbetrachtung intensiviert – und, wie aus der Erfahrung der Mystiker bekannt, damit das Falsche getan. Das Allerheiligste verweigert sich menschlicher Willensanstrengung. So führte Thoreaus Pilgerweg zeitweise durch ein »finsteres Tal«, doch immer wieder fand der Suchende zurück ins Freie, ins Helle und Heitere. Auch opferte er in den Phasen spirituellen Notstands seine intuitive Lebensüberzeugung keineswegs platter Wissenschaftsgläubigkeit. »Wenn du mit dem Farnkraut bekannt werden willst, mußt du deine Botanik vergessen« – so die Tagebuchnotiz vom 4. Oktober 1859. Und in *Walking* schreibt er:

»Mein Verlangen nach Wissen setzt zeitweilig aus, dagegen habe ich ein unentwegtes, beständiges Verlangen danach, meinen Kopf in der frischen Luft einer Gegend zu baden, in die mich meine Füße bisher nicht getragen haben. Das Höchste, was wir erreichen können, ist nicht Wissen, sondern *Einklang*, verbunden mit *Einsicht*. Ich weiß nicht, ob sich aus diesem höheren Wissen etwas Bestimmteres ergeben wird als die neue, große Überraschung, die plötzliche Offenbarung, wie unzulänglich all das ist, was wir zuvor Wissen nannten, die Entdeckung, daß es zwischen Himmel und Erde mehr Dinge gibt, als unsere Schulweisheit sich träumen läßt. Es ist, wie wenn das Sonnenlicht den Nebel erhellt.«

Der Wissenschaftler war für ihn oft »ein Wurm, der es sich im Keim einer Frucht gemütlich gemacht hat, sie aber lediglich verdirbt und zerfrißt, ohne sie jemals wirklich zu schmecken.« Die Neue Welt war in wissenschaftlich-empirischer Hinsicht noch Neuland, und Thoreau beteiligte sich an der erforderlichen Bestandsaufnahme, damit zum Beispiel seine lyrischen Kollegen nicht länger europäische Bäume und Vögel in ihren Gedichten erscheinen ließen. Aber selbst wenn schließlich alle möglichen wissenschaftlichen Klarstellungen getroffen wären, so wußte Thoreau, bliebe das eigentliche Wesen der Dinge dem Menschen weiterhin ein Rätsel.

Auch die Tötung zu Forschungszwecken lehnte er ab, das Skelett eines Eichhörnchens in Spiritus galt ihm als Absurdität, pulsierendes Leben war ihm heilig. Als er einmal gefragt wurde, ob er jemals einen Vogel abgeschossen habe, um ihn zu untersuchen, gab er zur Antwort: »Meinen Sie, ich sollte Sie erschießen, wenn ich vorhätte, Sie zu untersuchen?« Thoreau respektierte den Indianer, den Fischer und Jäger, zu deren Leben auch das Töten von Tieren gehöre – aber vor allem auf den Reisen in die Wälder von Maine empfand er es als gräßliche Tragödie, wenn zum Beispiel der Elch aus purer Lust am Töten zur Strecke gebracht wurde.

Thoreau verstand sich als Amateur, also im Wortsinn als Liebhaber, der seine Lebensgefährten nicht zu Opfern degradieren wollte (sondern sie allenfalls zum Fressen gern hatte...). Er wollte kein Profi sein – die tödliche Grenze zum Profit war ihm zu gefährlich –, aber als Fachmann gab er bereitwillig Auskunft. Jahre vor den Ergebnissen der staatlichen Wasserkommission, schreibt Emerson, hatte Thoreau alles, was über Reiher, Eistaucher, Schlangen, Murmeltiere, Schildkröten und Wasserfrösche zu sagen war, herausgefunden.

Eine neue Zeitschrift, die *Atlantic Monthly*, von dem Literaturpapst James Russell Lowell geleitet, veröffentlichte 1858 seine Reiseschilderung *Chesuncook* aus den Wäldern von Maine. Als Thoreau feststellte, daß ein wichtiger Satz einfach gestrichen worden war – offensichtlich mochte Lowell seinen Lesern keine allzu pantheistische Aussage (im Sinne diffuser Vergöttlichung der Natur) zumuten –, wies er diesen Zensurakt aufs schärfste zurück und verweigerte Lowells Magazin jede weitere Zusammenarbeit. Die beanstandete Passage aus der Beschreibung einer Kiefer lautete: »Sie ist so unsterblich wie ich, und vielleicht wird sie in einen ebenso hohen Himmel kommen und mich auch dort weiterhin überragen.«

Thoreaus bitterböser Beschwerdebrief zeigte eine Wirkung, die für alle Freunde des Naturpoeten aus Concord als verheerend gelten mußte: Drei Jahre nach dem Tode Thoreaus publizierte Lowell in der *North American Review* eine vernichtende Kritik, die Thoreau zwar Sprachvirtuosität bescheinigte, ihn aber als komischen Kauz, als mürrischen, weltfremden

Egoisten verunglimpfte und sich auch nicht scheute, das alte
Klischee zu wiederholen, Thoreau sei ein Epigone Emersons.
Für viele Jahre sollte dieses Fehlurteil Thoreaus Nachruhm
verhindern. Daß Lowell sich damit zum Sprecher von Ökono-
mie und Nützlichkeit gemacht hatte und einen Sänger der
wilden, schönen Natur zur bürgerlichen Ordnung rief, wäre
Thoreau weniger Anlaß zum Zorn als zum Spott gewesen.

Schon anläßlich des Bankenkrachs 1857 bemerkte er, die
»Geschäftsleute & Co« hätten lange »über Transzendentalis-
mus und höhere Gesetze gelacht und getönt: Nichts von eurem
Mondschein!, als wären sie nicht nur in etwas Eindeutigem,
sondern auch Sicherem und Beständigem verankert.« Jetzt
zeige sich, daß diese Banken bloß »vom Winde geschüttelte
Schilfrohre sind, während der Mondschein noch immer da ist:
in seiner unveränderten, wohltätigen Heiterkeit.«

Thoreau: wild und stolz, nicht immer genießbar und außerhalb des Rentabilitätsdenkens – diese Charakterisierung trifft
auch auf den wilden Apfelbaum zu, das Thema seiner letzten
Vorlesung in Concord. »Wilde Äpfel« feierte er am 8. Februar
1860 im Lyzeum seiner Vaterstadt. Hatte der Dichter bereits
wohlgefällig in seinem Tagebuch die Begegnung mit einem
alten Mann festgehalten, der sich nicht schämte, seine Schuhe
auszuziehen, um darin im Wald gefundene Äpfel nach Hause
zu tragen; gewannen nach Thoreaus Ansicht im transzendentalen Schönheitswettbewerb zwischen Farmer und Pferd auf
der einen und den duftenden Äpfeln auf der anderen Seite
stets die Äpfel; so bewunderte er in seinem populär geworde-
nen Essay *Wild Apples* die Früchte des wilden Apfelbaums als
unverwechselbare, heldenhaft einer widrigen Umgebung
abgetrotzte Kostbarkeiten – im Unterschied zur genormten,
glatten Handelsklassenware.

Auch seine kurz zuvor fertiggestellte Beschreibung der
Herbstfarben (*Autumnal Tints*) bestätigt die Rückkehr zur
Naturthematik, sei es in poetischer oder wissenschaftlicher
Form wie mit seiner *Artenfolge der Waldbäume* (*The Succes-
sion of Forest Trees*), einer Arbeit, deren Entdeckungen in
Fachzeitschriften große Beachtung fanden. Thoreau war im

Jahre 1860 (als Lincoln Präsident wurde) ein vielbeschäftigter Mann, denn er hatte sich auch noch um die Firma der Familie zu kümmern, die er nicht allein Mutter und Schwester überlassen konnte.

Freundschaftlicher Briefwechsel kam daher zu kurz. Als Ricketson sich darüber beschwerte, antwortete Henry (am 4. November 1860), sein Schweigen sei so natürlich und so »unmenschlich« wie das eines dichten Kiefernwaldes. »Du weißt, daß ich niemals versprochen habe, Dir zu schreiben, und wenn ich es dennoch tue, tue ich somit mehr, als ich versprochen habe.«

Mehr als die Lektüre der Briefe von Menschenhand interessierten ihn die Jahresringe der Baumstämme, »der verrottete Papyrus, auf den Concords Waldgeschichte geschrieben ist«; ihrem Studium widmete er seine letzten freien Nachmittage. Anfang Dezember 1860 – Schnee war gefallen, und es war bitter kalt – zog er sich eine heftige Erkältung zu, die sich rasch zu einer Bronchitis verschlimmerte. Seit der gesundheitlichen Krise von 1855 zeitweilig Tbc-bedingt schwach auf den Beinen, hatte er sich jedoch immer wieder erholt, freilich nie mehr zu jener kräftigen Kondition zurückgefunden, um die ihn Emerson stets beneidet hatte, der nicht so ausdauernd wandern konnte wie Henry, nicht so behende auf Bäume kletterte, nicht so geschickt segelte oder winters gar dreißig Meilen Schlittschuh lief!

Mit diesen körperlichen Vergnügungen war es jetzt aus, er mußte das Haus und immer häufiger das Bett hüten, auch sein kreatives Schreiben, sein Tagebuch mußte er aufgeben. Und doch war er mit Fiebereifer dabei, letzte Hand an seine Manuskripte zu legen, darin hingebungsvoll von seiner Schwester Sophia unterstützt. Als im April 1861 der Bürgerkrieg ausbrach, nahm der unheilbar Erkrankte hiervon nur geringe Notiz. Der Hausarzt riet zur Luftveränderung, zu einer Reise nach Westindien oder Südeuropa. Wenn Thoreau, der physischen Not gehorchend, zum Kriegsgeschehen vielleicht auf Distanz ging – auf eine solche Entfernung zu seiner vertrauten Umgebung wollte er sich aber nicht einlassen. So entschloß er sich zu einer Reise nach Minnesota, dessen Heilklima seine Lungen kräftigen sollte. Da die guten alten Freunde Channing und Blake zu seiner Enttäuschung nicht abkömmlich waren, begleitete ihn ein siebzehnjähriger Botanikstudent, dessen Bekanntschaft Hawthorne, der inzwischen nach Concord zurückgekehrt war, vermittelt hatte.

Die zweimonatige Reise in den Mittleren Westen, wo Thoreau mit Sioux-Indianern in Berührung kam, strengte ihn mehr an, als daß sie das Fortschreiten seiner Krankheit verhinderte. Nach dem Fehlschlag der Minnesota-Kur verschmähte er jede ärztliche Hilfe. Von jeher war er skeptisch gegenüber den »Quacksalbern« gewesen und hatte die Unterwürfigkeit ihrer leichtgläubigen Patienten verurteilt. Quacksalberei lag für ihn dann vor, wenn die Medizin lediglich die körperlichen Störungen zu beseitigen und nicht den ganzen Menschen zu heilen suchte.

Die Unselbständigkeit des leidenden Menschen ausnutzen zu wollen, warf Thoreau auch den Priestern vor. Wenn Arzt und Priester zusammenträfen, schrieb er einmal, dann nicht ohne Gelächter oder bedeutsames Schweigen, denn der Beruf des einen sei eine Satire auf den des andern. Professionellen klerikalen Seelentrost hatte er zeitlebens abgelehnt. Mit indianisch-stoischer Gelassenheit sah er auf sein Ende.

Mitte des Jahres, als es ihm etwas besser zu gehen schien, machte er wieder öfter kleinere Spaziergänge oder fuhr, von Sophia begleitet, mit Pferd und Wagen an seine früheren Lieblingsplätze. Channing berichtet, Henry habe es auf einem dieser Gänge als die Kunst des Genies bezeichnet, das Geringe ins Großartige zu heben; »dem Bekannten die Würde des Unbekannten, dem Endlichen einen unendlichen Sinn zu geben« – so hatten es schon die deutschen Romantiker formuliert. Jetzt, da sich sein Leben dem Ende zuneigte, dachte er vielleicht an Walt Whitman und seinen *Gesang bei Sonnenuntergang*, den er so sehr liebte, das große Preislied auf das Göttliche aller Menschen und Dinge, auf das Wunder des wechselnden, vergehenden Lebens, »auf den herrlichen Ausblick des Todes im sinkenden Licht.«

Thoreaus Interesse am öffentlichen Geschehen schwankte: Mal wollte er keine Zeitung mehr in die Hand nehmen, weil ihn das Böse in dieser Welt abstieß – mal erhoffte er sich durch den Bürgerkrieg eine mannhaft erfochtene Lösung. Doch auch wenn er kein Pazifist war, so erfreute ihn der »indian summer«, der schöne Herbst dieses Jahres mehr als jedes Manöver, jede Militärparade. Keine politische Fahne könne auch nur einen Bruchteil der alljährlichen Oktoberpracht bringen; »unter dem Triumphbogen der Ulme zu wandeln« galt ihm als Gipfel patriotischen Glücksgefühls.

Im Dezember starb George Minott, was für Thoreau trotz aller Gefaßtheit ein schwerer Schlag war. Diesen bedächtigen, mit der Natur im Einklang lebenden Landwirt hatte er in seinem Tagebuch häufiger erwähnt als seinen gelehrten Freund Emerson. »Wo immer er auch einhergeht, da verklärt er für mich die Erde«: ein existentiell gewichtigeres Kompliment ist kaum denkbar. Minott gehört wie Thoreau selbst zu denen, die, wie es in *Walden* heißt, mit Bedacht gelebt haben und denen, als es ans Sterben ging, die Entdeckung erspart blieb, nicht gelebt zu haben.

Eine Rippenfellentzündung fesselte Thoreau völlig ans Haus. Alcott schrieb an Ricketson, der hypochondrisch-empfindlich den Anblick des todkranken Freundes scheute, die Winterwälder trauerten bereits in weißen frommen Gewändern um den Redlichen, den sie bald vermissen sollten.

Thoreau, der sein Leben als ein Kunstwerk gestaltet hatte, indem er es in die Harmonien der Natur einfügte, vollbrachte auch, darin sind sich alle Zeugen einig, die höchste Kunst, zu der ein Mensch fähig ist: in Würde und Bejahung des Kommenden von diesem Leben Abschied zu nehmen. Dieses Sterben wurde den Leidtragenden um ihn herum zum Trost.

Sophia berichtet: »Wochenlang konnte er nur in einem schwachen Flüsterton mit uns sprechen. Henry akzeptiert diese Stimmlosigkeit mit solch einem kindlichen Vertrauen und ist so glücklich, daß ich den Eindruck habe, er scheide von uns nicht in der üblichen Weise der Sterblichen, sondern werde entrückt. Es war unmöglich, in seiner Gegenwart traurig zu sein.«

Er war davon überzeugt, daß nicht nur der Gesunde, sondern auch der Kranke einer sinnvollen Beschäftigung bedürfe, und so diktierte er seiner Schwester die letztgültigen Fassungen von *Leben ohne Prinzipien*, *Wilde Äpfel*, *Herbstfarben* und *Vom Wandern*, Essays, die nach seinem Willen wieder in der *Atlantic Monthly* erscheinen sollten – J.R. Lowell hatte in der Zwischenzeit die Herausgebertätigkeit für dieses Kulturmagazin beendet.

Freunde und Bekannte machten ihre Abschiedsbesuche. Ein Quäkerprediger wollte mit ihm über die jenseitige Welt reden, doch Thoreau ließ sich auch in seinen letzten Stunden nicht religiös erpressen:»Immer eine Welt nach der anderen«, entgegnete er, wenn auch mit schwacher Stimme. Und als ihn eine fromme Tante fragte, ob er nicht jetzt, im Angesicht des Todes, mit Gott Frieden schließen wolle, sagte er:»Ich wüßte nicht, daß wir jemals Streit miteinander gehabt haben.«

Sam Staples, der Thoreau damals zu seiner einzigen Gefängnisnacht verholfen hatte, sagte nach einem Krankenbesuch, er habe »niemals eine erfülltere Stunde erlebt, niemals einen Menschen in so viel Heiterkeit und Ruhe sterben sehen.« An seinem Lebensende strahlte Thoreau die Gewißheit aus, daß er nach einer begnadeten irdischen Wanderschaft, die er einer »unmittelbaren Fügung des Himmels« dankte, aber auch nach unerfüllten Träumen seiner Mannesjahre vor sich in einem »helleren Sonnenlicht als jemals zuvor« jenes andere Heimatland sah, dessen Seligkeit er schon in glücklicher Jugend gespürt hatte.

Am Morgen des 6. Mai brachte ihm ein Freund einen Strauß Hyazinthen, deren Duft ihm so angenehm war. Aber der Atem des Sterbenden wurde schwächer und schwächer. In seinen letzten Minuten müssen ihm noch einmal Bilder von der Reise in die Maine-Wälder vorgeschwebt haben:»Elch« und »Indianer« waren seine letzten vernehmbaren Worte.

An diesem Morgen des 6. Mai 1862 starb Henry David

Thoreau. Drei Tage später wurde er auf dem New Burying Ground neben seinem Bruder John bestattet. Alcott hatte den Kindern schulfrei erteilt; Concord nahm in Dankbarkeit und Würde Abschied von seinem lange verkannten, aber noch rechtzeitig respektierten Sohn. Vierundvierzig Glockenschläge leiteten die kirchliche Trauerfeier ein, auf der Emerson bestanden hatte. Emerson, für den es keinen glaubwürdigeren, »keinen wahrhaftigeren Amerikaner gab als Thoreau«, hielt eine große Rede und schloß mit den Worten:»Seine Seele war geeignet für die edelste Gesellschaft; in einem kurzen Leben hat er sich um die Gaben dieser Welt erschöpfend bemüht; wo immer es wahre Erkenntnis, wo immer es Tugend und Schönheit gibt: dort ist er daheim.«

Wenige Jahre später fanden die Gebeine Thoreaus nach einer Umbettung ihre letzte Ruhestätte auf dem Sleepy-Hollow-Friedhof. Hier befinden sich auch die Gräber seiner Freunde Alcott, Channing, Emerson und Hawthorne.

Thoreaus Leben und Schreiben ist eine einzigartige Unabhängigkeitserklärung, die jedem Menschen Mut machen will, er selbst zu sein, als unverwechselbarer einzelner wenn nötig auch aus der Rolle zu fallen und durch das eigene Beispiel Wegweiser »in die entgegengesetzte Richtung« zu werden. Wer wie Thoreau aus innerer Selbstsicherheit heraus das, was er tut oder nicht tut, verantworten kann, dem ist das Schicksal der anderen Individuen nicht gleichgültig, und er wird jeder anmaßenden Zentralgewalt zu widerstehen suchen, indem er sie mit Verachtung straft oder ihr couragiert entgegentritt oder auch anstrengende, konkrete lokalpolitische Verantwortung übernimmt. Thoreau säße mit im Greenpeace-Boot.

»Nie wird es einen wirklich freien und aufgeklärten Staat geben, solange der Staat nicht den einzelnen Menschen als höhere und unabhängige Macht anerkennt, von welcher all seine eigene Macht und Autorität sich ableiten, und ihn entsprechend behandelt.«

Den staatlichen oder privaten Unterdrücker, aber auch denjenigen, der sich unterdrücken läßt, beides, Herrendenken und Sklavenmoral, hat Thoreau kritisiert. In einer kräftigen,

anschaulichen, fröhlichen Sprache beweist er ein »ungebän-
digtes, freies, wildes Denken«, zu dem ihn manchmal heilige
Schriften und Mythologien anregten, vor allem aber die sich
selbst überlassene Natur.

»Sehet die Wildente, schöner und schneller als ihre zahme
Verwandte – wie sie herrlich und leicht sich aus dem fallenden
Tau emporhebt und über der Niederung dahinschwingt: so
auch der freie und wilde Gedanke!«

Freiheit und Wildnis der Außenwelt finden ihre Entspre-
chung in der geistigen Innenwelt – auf diese Zusammenhänge
haben in den fünfziger Jahren unseres Jahrhunderts die
amerikanischen Beatniks und Dichter in der Nachfolge
Thoreaus hingewiesen. Gary Snyder habe ich schon genannt.
Snyder erklärt die heutige Menschheit zur Heuschreckenplage
für den ganzen Planeten. Der in Jahrmillionen geschaffene
Reichtum an Pflanzen, Tieren, Kulturen, Sprachen, Kunst-
werken, alten Fertigkeiten und tiefem Wissen werde zerstört.
Von diesem Reichtum, sagen Thoreau und Snyder ohne
falsche Bescheidenheit, gelte es zu retten, was noch zu retten
ist.

Schon immer hat der Mensch nach Macht, Ruhm und
materiellen Gütern gestrebt, während die Weisen aller Zeiten
ihn unmißverständlich, aber vergebens vor seiner Hybris
gewarnt haben. In einer Zeit, da die globale Auslöschung
irdischen Lebens denkbar geworden ist, sind oppositionelle
Anstöße nötiger denn je. Daß Thoreaus Weisheiten in unseren
Tagen von bedeutenden gesellschaftlichen Gegenströmungen
wie der ökologischen Bewegung oder der Friedensbewegung
aufgegriffen worden sind, unterstreicht die Aktualität dieses
lebensfrohen Rebellen.

Auch die Hippies in den sechziger Jahren haben sich auf den
Neinsager vom Waldensee berufen. Auch sie praktizierten das
einfache Leben, erfuhren die Macht des Verzichts: daß
weniger *mehr* bedeutet. Einen Rückzug in die Illusion vor-
industrieller Wonnegärten mit sanftmütigen Blumenkinder-
gruppen hätte Thoreau nicht befürwortet; wohl aber Snyders
Rat, daß zum Beispiel der Computertechniker einen Teil des

Jahres mit den Maschinen arbeiten und während der übrigen Monate den Elch auf seinen Wanderungen begleiten solle: konkrete Utopie eines anderen »American way of life«.

Bei Thoreau sind jene uralten und gegenwärtig wieder neuentdeckten Einsichten versammelt, die den Menschen auf das Einssein aller Lebewesen, ja aller Dinge verweisen. Thoreau, der Unbequeme, der es sich selbst nicht leichtgemacht hat, ruft uns zu der Anstrengung auf, im spirituellen Sinn Menschen von heute zu sein, also wachsam und heiter tagtäglich ein bewußtes, eigenes Leben zu führen. Jeder einzelne, will er »die Nuß der Welt pflücken und sie an den Winterabenden knacken«, widersetze sich fertigen, fertigmachenden Existenzprogrammen und höre auf seine innere Stimme, um aus kosmischem Verbundenheitsgefühl heraus auf dieser Erde verantwortlich zu handeln.

»Wir wollen unsere ganze Kraft aufbieten und uns durch den Dreck und Schlamm von Meinung, Vorurteil, Tradition, Blendwerk und Schein, welche den Erdball überschwemmen, hindurcharbeiten, durch Paris und London, durch New York, Boston und Concord, durch Kirche und Staat, durch Dichtung, Philosophie und Religion, bis wir felsenfesten Grund und Boden unter unseren Füßen spüren. An diesem Ort können wir von *Wirklichkeit* sprechen und sagen: Das *ist*, Irrtum ausgeschlossen. Und jetzt beginne…«

Zeittafel

1817	12. Juli: Henry David Thoreau wird als Sohn des Bleistiftherstellers John Thoreau und seiner Ehefrau Cynthia, geb. Dunbar, in Concord, Massachusetts, geboren.
1833	Henry beginnt sein Sprach- und Literaturstudium in Boston.
1835	Pädagogisches Praktikum an einer Schule in Canton. Sein Mentor ist der Pfarrer Orestes A. Brownson.
1837	Abschluß des Studiums. Henry unterrichtet für kurze Zeit an Concords Volksschule. Da er die Prügelstrafe nicht anwenden will, quittiert er den Dienst. Er lernt Ralph Waldo Emerson kennen und beginnt sein Tagebuch.
1838	Gemeinsam mit seinem Bruder John macht er eine Privatschule auf. Hält seine erste öffentliche Rede an Concords Lyzeum.
1839	Zweiwöchige Bootsfahrt mit seinem Bruder auf den Flüssen Concord und Merrimack.
1840	Henry veröffentlicht seine erste literarische Arbeit in der Zeitschrift *Dial*. Findet in dem Reformpädagogen Amos Bronson Alcott und dem Dichter William Ellery Channing lebenslange Freunde.
1841	Für zwei Jahre als Sekretär im Hause Emersons. Die Privatschule muß geschlossen werden, da John an offener Tuberkulose erkrankt ist.
1842	11. Januar: John stirbt. Der Tod des Bruders löst bei Henry körperlich und seelisch eine schwere Krise aus.
1843	Als Hauslehrer bei Emersons Schwager auf Staten Island.
1844	Wieder daheim, hilft er seinem Vater bei der Bleistiftproduktion. Verursacht aus Leichtsinn einen Waldbrand.
1845	Ab März bereitet er sein Hüttenleben am Waldensee vor. Einzug am 4. Juli, dem Tag der Unabhängigkeit.
1846	23. Juli: Wegen Steuerverweigerung verbringt er eine Nacht im Gefängnis. Thoreau protestiert auf diese Weise gegen die Sklavenhaltung und den Angriffskrieg der USA gegen Mexiko.
1847	6. September: Thoreau verläßt die Blockhütte am Waldensee. Für ein weiteres Jahr handwerkliche und geistige Mitarbeit im Hause Emersons.

1848	26. Januar: Vortrag über »Die Rechte und Pflichten des Individuums gegenüber der Regierung« (später berühmt geworden unter dem Titel *Ziviler Ungehorsam*). Erste auswärtige Vorlesungen. Rückkehr ins Vaterhaus.
1849	Gelegenheitsarbeiten im eigenen Familienbetrieb und als Landvermesser. Veröffentlichung der *Woche auf den Flüssen Concord und Merrimack* und des Essays über *Zivilen Ungehorsam*. Erste Reise ans Cape Cod. Am 14. Juni Tod der Schwester Helen.
1850	Reise nach Kanada mit Ellery Channing.
1851	Thoreau unterstützt die Sklavereigegner, die »Abolitionisten«, und verhilft persönlich einem Mulatten zur Flucht nach Kanada.
1854	Veröffentlichung von *Walden*. Nach dem Kansas-Nebraska-Gesetz, das die Duldung der Sklaverei den einzelnen Staaten überläßt, spricht Thoreau in Framingham über *Sklaverei in Massachusetts*.
1855	Monatelang körperlich geschwächt durch seine Lungenkrankheit. Erneute Reise ans Cape Cod. Liest die *Grashalme* von Walt Whitman.
1856	Besuch bei Whitman in Brooklyn.
1857	Erneute Reise in die Wälder von Maine. Erstes Zusammentreffen mit John Brown.
1858	Auseinandersetzung mit James Russell Lowell, dem Herausgeber der Zeitschrift *Atlantic Monthly*.
1859	3. Februar: Tod des Vaters. Nach John Browns Überfall auf das US-Waffenarsenal in Harper's Ferry hält Thoreau sein *Plädoyer für Captain John Brown*.
1860	Veröffentlichung des Essays *Die letzten Tage des John Brown* und der naturwissenschaftlichen Arbeit *Die Artenfolge der Waldbäume*.
1861	Die Tuberkulose beendet Thoreaus Schaffenskraft. Ein Kuraufenthalt in Minnesota bringt keine Besserung. Am Bürgerkrieg, der im April ausbricht, nimmt der Kranke nur geringen Anteil. Letzte Arbeit an den Manuskripten mit Hilfe seiner Schwester Sophia.
1862	6. Mai: Henry David Thoreau stirbt im Alter von vierundvierzig Jahren.

Literaturverzeichnis

Englischsprachige Werkausgaben
Auf diesen Ausgaben fußt die vorliegende Biographie. Die Zitate
wurden vom Autor ins Deutsche übersetzt.

The Writings of Henry David Thoreau. Hg. von Bradford Tor-
rey/Francis Allen. 20 Bde. Boston/New York (Houghton-Mifflin)
1906
The Correspondence of Henry David Thoreau. Hg. von W. Har-
ding/C. Bode. Washington 1958
Collected Poems of Henry Thoreau. Hg. von Carl Bode. Baltimore
(The Johns Hopkins Press) 1964

Deutschsprachige Ausgaben von Werken Thoreaus
Herbst. Aus dem Tagebuch von Henry David Thoreau. Hg. von
H. G. O. Blake. Aus dem Englischen übertragen von Bertha
Engler. Zürich (Büchergilde Gutenberg) 1944
Die Welt und ich. Aus den Tagebüchern, Schriften und Briefen
ausgewählt und übertragen von Fritz Krökel. Gütersloh
(C. Bertelsmann) 1951
Leben – ein unversuchtes Experiment. Walden. Übertragung aus
dem Amerikanischen von Erika Ziha. Zürich (Manutiuspresse)
1961
Walden oder Leben in den Wäldern. Aus dem Amerikanischen von
Emma Emmerich und Tatjana Fischer. Vorwort von Walter E.
Richartz. Zürich (Diogenes) 1971
Walden oder Hüttenleben im Walde. Aus dem Englischen und
Nachwort von Fritz Güttinger. Zürich (Manesse) 1972
Über die Pflicht zum Ungehorsam gegen den Staat und andere
Essays. Übersetzung, Nachwort und Anmerkungen von W. E.
Richartz. Zürich (Diogenes) 1973
Leben aus den Wurzeln. Übersetzt und eingeleitet von Susanne
Schaup. Freiburg (Herder) 1978
Leben ohne Grundsätze. Eine Auswahl aus seinen Schriften. Aus
dem Amerikanischen übersetzt und mit einem Vorwort versehen
von Philipp Wolff-Windegg. Stuttgart (Klett-Cotta) 1979
Vom Wandern. Übertragung aus dem Amerikanischen und Nach-
wort von Heiner Feldhoff. Horn/Bad Meinberg (Verlag der
Manufactur) 1983

Literatur über Thoreau

Andres, Stefan: Henry D. Thoreau, der Eremit von Walden Pond. In: Der Dichter in dieser Zeit. München (Piper) 1974

Canby, Henry Seidel: Thoreau. Boston/New York (Houghton-Mifflin) 1939

Farcet, Gilles: Henry Thoreau, l'éveillé du Nouveau Monde. Paris (Sangs de la terre) 1986

Harding, Walter: The Days of Henry Thoreau. A Biography. New York (Alfred A. Knopf) 1967

Harding, Walter: A Thoreau Handbook. Washington (New York University Press) 1959

Klumpjan, Hans-Dieter u. Helmut: Henry D. Thoreau. Reinbek (Rowohlt) 1986

Klumpjan, Helmut: Die Politik der Provokation: Henry David Thoreau. Frankfurt/Bern/New York/Nancy (Peter Lang) 1984

Matthiessen, F. O.: Henry D. Thoreaus *Walden*. In: Interpretationen 10. Amerikanische Literatur des 19. Jahrhunderts. Frankfurt (Fischer) 1971

Salt, Henry Stephens: The Life of Henry David Thoreau. London (Richard Benteley) 1890

Spiller, u. a.: Literaturgeschichte der Vereinigten Staaten. Darin: Townsend Scudder: Henry David Thoreau. Mainz (Matthias Grünewald) 1959

Sonstiges

Diese Liste nennt Titel, denen die vorliegende Arbeit über die obengenannten Werke hinaus informativ und gedanklich verpflichtet ist.

Canby, Henry Seidel: Walt Whitman. Ein Amerikaner. Berlin (Blanvalet) 1947

Emerson, Ralph Waldo: Natur. In: Goethe/Emerson: Natur. Leipzig (Insel) o. J.

Emerson, Ralph Waldo: Spanne deinen Wagen an die Sterne. Freiburg (Herder) 1980

Dreier, Ralf: Widerstand und ziviler Ungehorsam im Rechtsstaat. In: Ziviler Ungehorsam im Rechtsstaat. Hg. von Peter Glotz. Frankfurt (Suhrkamp) 1983

Dürckheim, Karlfried Graf: Mein Weg zur Mitte. Freiburg (Herder) 1985

Greffrath, Mathias: Vom Schaukeln der Dinge. Montaignes Versuche. Berlin (Klaus Wagenbach) 1984

Habermas, Jürgen: Ziviler Ungehorsam – Testfall für den demokratischen Rechtsstaat. In: s. Dreier, Ralf

Hesse, Hermann: Eigensinn. Frankfurt (Suhrkamp) 1972

Hetmann, Frederik: Amerika-Saga. Freiburg (Herder) 1975

Kierkegaard, Sören: Was ihr den Geist der Zeiten heißt. Hg. von Jürgen Busche. Königstein (Athenäum) 1984

Laker, Thomas: Ziviler Ungehorsam. Geschichte – Begriff – Rechtfertigung. Baden-Baden (Nomos) 1986

Mann, Golo: Politische Entwicklung Europas und Amerikas 1815–1871. In: Propyläen Weltgeschichte Bd. VIII, 2. Frankfurt a.M./Berlin (Ullstein) 1976

Maurois, André: Die Geschichte Amerikas. Zürich (Rascher) 1947

Merton, Thomas: Eine Einführung in Tschuang-tse. In: Sinfonie für einen Singvogel. Düsseldorf (Patmos) 1973

Samhaber, Ernst: Geschichte der Vereinigten Staaten. München (Bruckmann) 1954

Schopenhauer, Arthur: Werke in zwei Bänden. München (Hanser) 1977

Sloterdijk, Peter: Kritik der zynischen Vernunft. Frankfurt (Suhrkamp) 1983

Snyder, Gary: Schildkröteninsel. Berlin (Frank Schickler) 1980

Der Spiegel Nr. 42/1983

Watts, Allan: Der Lauf des Wassers. Eine Einführung in den Taoismus. Frankfurt (Suhrkamp) 1983

Whitman, Walt: Ich rufe Erde und Meer an. Freiburg (Herder) 1985

Bildnachweis

Thoreau (1854) und Ralph Waldo Emerson: Süddeutscher Verlag, München
Concord: Concord Free Public Library
Walt Whitman: Oscar Lion Collection, New York Public Library
Alle weiteren Bilder wurden uns freundlicherweise von Dr. Walter Harding, Thoreau Society Inc., Concord, zur Verfügung gestellt.

Ich danke dem Kultusministerium von Rheinland-Pfalz, daß es meine Arbeit an diesem Buch durch ein Stipendium unterstützt hat.

Heiner Feldhoff

Biographien

Irmela Brender
Vor allem die Freiheit
Die Lebensgeschichte der George Sand
(80670)

Frederik Hetmann
Schlafe, meine Rose
Die Lebensgeschichte der Elisabeth Langgässer
(80668)

Frederik Hetmann
So leicht verletzbar unser Herz
Die Lebensgeschichte der Sylvia Plath
(80681)

Charlotte Kerner
Lise, Atomphysikerin
Die Lebensgeschichte der Lise Meitner
Ausgezeichnet mit dem Deutschen Jugendliteraturpreis
(80664)

Charlotte Kerner
Seidenraupe, Dschungelblüte
Die Lebensgeschichte der Maria Sibylla Merian
(80675)

Michail Krausnick
Hungrig!
Die Lebensgeschichte des Jack London
(80652)

88023-5.12.-32